KB272962

천주교를 배격하는 7가지 이유

저자 유선호 박사

하늘기획

The 7 Reasons
Why We Reject
The Roman Catholic Church

천주교를 배격하는 7가지 이유

- Why do the evangelical protestants
regard the Roman Catholic Church
as a heresy or a pagan? -

복음적인 정통 기독교인들은
왜 천주교를 이단 내지 타종교로 보는가?

초판 서문

지난해 신학원 졸업논문을 작성했을 때, 그 서문에다 "1000만 명 기독교 신자를 자랑하는 한국 땅에 교황이 아무런 장애도 받지 않고 와서 하나님이 받아야 할 온갖 영광을 찬탈하고 갈 수 있었고, 소위 일부 기독교 지도자라는 사람들이 교황을 만나고 머리 숙이므로 전 국민에게 마치 천주교가 정통 기독교인 것처럼 오인케 하였음을 통분히 여기면서도, 어찌할 수 없는 이 무능력을 한탄하며 가슴을 두드린다"라고 썼더니, 심사 과정에서 어떤 목사님이 그것을 트집잡는 바람에 서론 자체를 아예 삭제당한 일이 있었습니다.

그 일은 천주교에 대하여 이렇게도 열을 내고 있는 내가 어딘가 비정상적인지, 아니면 무관심 내지는 무감각한 다른 사람들이 비정상적인지에 대해 한동안 번민케 하였던 일이었습니다. 물론 그 목사님이야 내게 무슨 일이라도 생길까봐 염려해서였겠지만, 내게는 상당히 큰 충격이었습니다.

　민수기 25장에 보면, 이스라엘이 싯딤에 머물고 있을 때, 백성들이 모압 여인들과 음행을 시작하고 바알브올에 부속되었기 때문에 하나님께서 진노하셔서 염병을 보내셨습니다. 그 때 이스라엘 자손 한 사람이 온 회중의 목전에서 미디안 여인을 데리고 와서 장막에 들어갔습니다. 그 때 아론의 손자 비느하스가 창을 들고 따라가서 그 남자와 여자의 배를 꿰뚫어서 죽이니 염병이 그쳤습니다(염병으로 24,000명이 죽었음).

　하나님께서는 "아론의 손자 엘르아살의 아들 비느하스가 나의 질투심으로 질투하여 이스라엘 자손을 속죄하였으므로, 그에게 나의 평화의 언약을 주리니 그와 그 후손에게 영원한 제사장 직분의 언약이라" 하셨습니다(민 25:1-18).

　오늘날은 여호와의 질투심을 가진 자도, 엘리야처럼 여호와를 위한 열심히 특심한 자도(왕상 19:10) 희귀한 시대입니다. 모두가 다 자기의 안일을 추구하며, 자기의 배만 위하고, 자기의 목숨을 지독히도 아끼는 이들만 있나 봅니다. 그러나 어디엔가 바알에게 무릎 꿇지 않은 7,000인이 남아 있을 것이기에(왕상 19:18) 용기를 잃지 않습니다. 이 글을 읽는 당신이 그 중의 하나가 되기를 기대해 봅니다.

지난해 5월에 교황 요한 바오로 2세가 한국을 다녀갔고, 그때 매스컴은 열광했으며, 일부 기독교 지도자가 교황을 알현(?)했다고 보도되었습니다. 은연중에 천주교의 우월성이 인정된 탓인지, 교황의 방문 이후 천주교인이 급증하고 있어서 제대로 교육을 못시키고 있어 고민하는 실정이라고 합니다.[1] 교황이 앉았던 의자와 깔았던 카펫이 고가로 쟁탈되듯이 팔려나갔다는 소문도 있었습니다.

천주교인의 집을 방문한 어느 시골 기독교인이 그집에 걸려 있는 교황의 사진 앞에 엎드려 기도하는 것을 보고 말렸더니, 곁에 있던 다른 집사님(어느 목사님의 모친)이 "같이 기도는 못할망정 왜 못하게 하냐"고 꾸중을 하더라는 이야기를 전해 들었을 때, 웃어야 할지 울어야 할지를 몰랐습니다.

작년에 제가 지었던 「천주교도 기독교인가?」라는 책을 읽었다는 독자 한분이 전화를 통해 "김대건 신부의 해골을 천주교인들이 집집에 모셔들이고 절하는 법석을 떠는 것을 보고, 도저히 이해가 안 간다."면서 "이런 우상 숭배 종교에 대하여 목사님들은 왜 시원스럽게 대답해 주지 않느냐?"고 울분을 터트렸습니다.

---

1) "천주교 신자급증 고민", 「조선일보」, 1985. 3. 3.

천주교에서 10여 년간 신앙생활을 하다가 개종했다는 지방에 사는 어느 독자는 장장 8장의 편지를 보내오셨는데, 로마천주교는 바로 666 적그리스도의 세력임을 지적하면서 기독교 일각의 소위 지도자라는 사람들이 천주교와 연합운동을 하고 있는 것을 개탄하였습니다.

천주교는 기독교가 아닌 다른 종교임을 분명히 전해야 되겠다고 생각하고 교황의 한국 방문 전에 책이 나오도록 하려고 했으나, 출판 사정으로 인하여 지난해 9월에야 「천주교도 기독교인가?」 라는 제목으로 출간되었습니다.

당초의 목적은 천주교에 미혹되지 않도록 알려야겠다는 의도였으나, 막상 책이 나오고 보니 일반 평신도가 이해하기에는 그 내용이 조금 어렵다는 의견이 많았습니다.

왜냐하면, 일반 신자들이 천주교에 대해서 전혀 모르기 때문에 무슨 말인지 이해하기 어렵고, 또 가능한한 참고 문헌을 그대로 인용했기 때문에 전문 용어들이 많아서 신학을 공부한 교역자와 신학생들 외에는 알기 힘든 낯선 단어들이었기 때문이었습니다.

그래서 이번에는 좀 더 쉽게 쓸 수 없겠느냐는 독자들의 요구에 응하여서 정통 기독교 신앙에서 볼 때에 "왜 천주교를 이단 내지는 타종교"로 보는지 그 이유를 쉽고도 간략하게 설명해 보려고 합니다.

천주교에 대하여 더 자세히 아시고 싶거나 신학적으로 연구하실 분은 본인의 저서 「천주교도 기독교인가?」 라는 책을 소개해드리고 싶습니다.

아무쪼록 고상한 종교라는 미명아래서 미혹되어 가는 많은 영혼들을 건질 수 있는 하나의 작은 도구로 하나님께서 사용해 주실 것을 간절히 바라면서 독자 여러분의 기도와 애용을 부탁 드립니다. 아울러서 원고를 검토해준 아내와 원고 정리에 수고하신 최미정 선생님께 깊은 감사를 드립니다.

1985. 10.

하나님의 크신 은혜에 감사드리면서

저자 유선호 목사 드림

제4판 서문

하느님인가, 하나님인가?

어떤 분은 제목만 보고도 대뜸 "하나님이면 어떻고, 하느님이면 어떻길래 별것 아닌 것 가지고 야단인가?" 하고 못 마땅하게 생각하실지도 모릅니다.

그러나 말이란 "아" 다르고 "어" 다른 것입니다. 더구나 그것이 절대자이시며 신앙의 대상인 창조주 하나님의 명칭이고 보면, 보통 중요한 문제가 아닙니다.

그러기에 기독교가 전파되는 나라마다 성경을 번역할 때 어떻게 하면 성경적인 신관을 가장 잘 나타내는 단어로 여호와 하나님의 명칭을 번역할까 하는 문제가 대두되는 것입니다.[1]

우리나라의 경우에는 거의 모든 기독교인들이 "하나님"으로 통용하고 있음에도 불구하고 작금에 와서 일부 학자들에 의해서 "하느님"이 옳다는 주장이 생기고 있습니다. 그들이 그렇게

---

1) 권도원, "하나님", 「기독교사상」, 1980년 7월호, p. 89.

주장하게 된 것은 1977년도에 천주교와 NCCK계열의 자유주의자들이 합작으로 내놓은 「공동번역」 성경이 "하나님"을 "하느님"으로 번역하였는데, 그 공동번역 성경이 기독교 전체에 의해 전적으로 외면당하자, 개역 성경의 "하나님"은 잘못된 것이고, 공동번역의 "하느님"이 맞다고 변호하고 나서게 된 것이라고 생각됩니다.

이러한 사실은 "하느님"이라고 주장하는 사람들이 주로 NCCK계열의 자유주의 신학자들로서, 천주교와 연합운동을 지지하는 사람들인 것만 보아도 여실히 알 수 있습니다.

"하나님"이라 주장하는 사람도, "하느님"이라 주장하는 사람도 제각기 그 나름의 이유와 근거가 있을 것입니다. 본인은 여기서 "하느님"이라고 주장하는 분들이 제시한 근거들의 허점을 분석 논박함으로써 그것이 불가함을 설명한 다음, 반드시 "하나님"이어야 할 이유들을 소신껏 제시해볼까 합니다.

이 글을 씀에 있어 "하느님"을 주장한 분들의 글로는 ①성공회의 박찬욱 신부, ②YMCA의 전택부 선생, ③경희대학교 국어학 교수이신 서정범 교수의 글을 참고하였고, "하나님"을 주장한 분들의 글로는 「기독교 사상」에 실렸던 ①권도원 씨와 ②한신대 이장식 교수의 글을 참고하였습니다.

1. "하느님"이 옳다는 주장들에 대한 반론

"하느님"으로 번역해야 옳다는 분들의 주장을 정리하면, 주장의 근거는 대략 다음의 네 가지로 요약되고 있습니다.

A. 한글 성경 번역의 역사적 근거

이분들의 주장을 요약하면, 100여년의 한글 성경 역사 중 1887-1956년까지 "하ᄂᆞ님(하느님)" 성경이 70년을 통용되었음에 비추어 "하나님"으로 사용된 것은 1956년 이후부터이니 27년 밖에 안 되었고,[2] 맨 처음에는 하늘(天)을 뜻하는 "하ᄂᆞ+님"에서 "하ᄂᆞ님"으로 쓰이다가 1933년 조선어학회에서 한글 맞춤법 통일안이 나오면서 그에 의하여 아래 ㅏ(ㆍ)를 안쓰고, 기계적으로 모두 "ㅏ"로 바꾸다 보니 "하나님"으로 잘못 표기하였다는 것입니다.

즉, 첫음절에서는 "ㆍ"가 "ㅏ"로 변화되나, 둘째 음절에서는 "ㆍ"가 "ㅡ"로 변화되므로 표기법상 당연히 "하ᄂᆞ님"은 "하느님"이어야 한다는 것이며, 더구나 본래가 "하ᄂᆞ님"은 "하늘(天)"에서 "ㄹ"이 떨어져 파생한 것으로 "하늘(天)"의 의미였지, "하나

---

2) 박찬욱, "한국어 신명 고(韓國語 神名 攷)-정서법(正書法)에서 본 '하느님'", 그리스도교와 겨레문화연구회편, 「한글 성서와 겨레문화」 (서울 : 기독교문사, 1985), p. 106.

(一)"의 의미는 전혀 없었다는 것입니다.[3]

필자는 먼저 "하느님"의 역사는 70년이고 "하나님"의 역사는 27년 밖에 안 된다는 주장에 대하여 그것이 허구임을 밝히고 싶습니다. 왜냐하면 장로교와 감리교가 상임 성서 번역위원회를 조직하여서 최초로 성경을 발간한 것은 1900년이었고,[4] 그 이전에 나온 성경들은 사역본들로서, ① 로스 역본(Ross Version)에서는 처음에는 "하느님"으로 했다가 "하나님"으로 바꿨고, ② 이 수정의 번역에서는 "신(神)"으로, ③ 선교사들은 "상뎨님"과 "하늘"로 번역했고, ④ 언더우드는 "텬쥬"를 주장하기도 하는 등 혼란스러웠고,[5] "하느님"이 공식적으로 한글 성경에서 쓰여진 것은 1900년부터 1937년 개역판이 나오기까지의 37년의 역사밖에 되지 않기 때문입니다.[6]

그러나 "하나님"은 침례교가 1917년에 단독으로 쓴 것을 제외하더라고, 1937년부터 고정되어 지금까지 이르렀으므로 50년이나 됩니다(1977년에 나온 공동번역은 천주교와 성공회에서나

---

3) Ibid., pp. 96-100.

4) 전택부, "하느님 및 텬쥬라는 말에 관한 역사 소고-18세기와 19세기를 중심으로", 그리스도교와 겨레문화연구회편, 「한글 성서와 겨레문화」 (서울 : 기독교문사, 1985), pp. 622-623.

5) Ibid., 618-628.

6) Ibid., 630-631.

쓰지, 기독교에서는 쓰는 교단이 전혀 없으므로 거론할 필요가 없음).

뿐만 아니라, 설사 "하느님"으로 통용되었던 기간이 훨씬 더 길다 하더라도, 그것은 이미 과거의 어느 일정 기간의 일이요, 과거로부터 현재에 이르기까지 "하나님"으로 통용되고 있기 때문에(그것도 더 오랜 기간) 논거로서는 빈약하기 그지없는 것입니다. 다만 표기법상 "하ㄴ님"을 "하느님"으로 해야한다는 이론은 긍정할 수 있습니다.

그러나 로스 역본이 "하느님"으로 시작했다가 "하나님"으로 고친 것이나, 1937년 개역판이 나올때와 1939년 장로교 28차 총회가 "하나님"으로 결정한 배경이 단순히 방언의 차이(로스 역본의 경우)나 표기법에 무식했기 때문이 아니라, "하느님"은 범신론적 개념이 있었기 때문에 유일신의 의미를 부여하여 "하나님"으로 고친 것입니다. 이것은 로스 역본이 처음에는 "하느님"으로 했다가 5년 뒤부터는 "하나님"으로 고친 것이나, 언더우드가 "하느님"을 반대한 이유가 바로 그런 이유였음을 보아 자명합니다.[7]

---

7) Ibid., 633-634.

B. 문법적 근거

"하나님"을 반대하는 이유 중 또 하나로서, "하느(늘)님"은 "하늘"이라는 명사에 존칭 접미사 "님"이 붙어서 된 것이지만, "하나님"의 경우에는 "하나"와 "님"을 더한 것인데 "하나"는 수사이기 때문에 "님"을 붙일 수 없고, 붙인다면, "하나"가 명사 앞에 오므로 "한"으로 줄여서 "한님"으로 해야 옳다는 것입니다.[8] 그리하여 박찬욱 신부는 "하나님"은 "하나"라는 "숫자 신(數神)"이라고 매도해 버렸습니다.[9]

그러나 이분들의 문법적 분석이 그럴 듯 하지만, 실상은 뭔가 착각하고 있음에 틀림없습니다. 왜냐하면 "하나님"은 "하나"와 "님"이 복합된 보통 명사가 아니라, "고유 명사"라는 사실입니다.

"하나님"이란 명칭은 "하나"라는 수사에서 파생된 단어가 아니라, 성경의 "여호와 신(神)"을 우리 말로 번역하기 위해 교회가 결정한 "고유명사"이기 때문에 그것이 문법에 안 맞는다고 시비를 하는 것은 "고유명사"가 뭔지도 모르는 또 하나의 무식

---

8) 박찬욱, "한국어 신명 고(韓國語 神名 攷)-정서법(正書法)에서 본 '하느님'", 「한글 성서와 겨레문화」 pp. 102-103;
전택부, "하느님 및 텬쥬라는 말에 관한 역사 소고-18세기와 19세기를 중심으로'", 「한글 성서와 겨레문화」 p. 638;
서정범, "하느님", 「향장」, 1986년 6월호, p. 11.

9) 박찬욱, op. cit., p. 103; 박찬욱, "하느님 고(攷)", 「기독교사상」, 1980년 7월호, p. 102.

을 드러내는 것에 지나지 않습니다.[10]

교회가 신명(神名)을 "하나님"으로 하고 그 의미를 유일신의 개념에 두었다고 하여, 그것이 문법에 안 맞는다고 비난하는 것은 이장식 교수의 "고유명사"의 자의성에도, 박찬욱 신부 자신의 "사회적 계약(통용)"에도 어긋나는 것입니다.

더구나 신명(神名)은 보통 명사이지 고유 명사가 아니라는 표현이나 "성서적"이란 말을 "언어학적"으로 해석한(또 "신학"을 "말"로 해석) 부분은 상식을 의심케 하며,[11] "유"씨나 "이"씨가 두음 법칙을 무시하고 "류"와 "리"로 한 것을 "하나님"에서 "하느님"으로 복원한 증거로 생각하는 사고방식은 "고유명사와 성씨"라는 쟁점을 도외시한 아전인수격 적용이며,[12] "하나님"이 문법에 맞지만, 문법에 맞지 않는 "하느님"으로 복원했다는 논리를 가능케 하는 오류를 가져오게 됩니다.

---

10) 이장식, "하나님 칭호의 신학적 근거", 「기독교사상」, 1980년 8월호. p. 127 참조.

11) 박찬욱, "한국어 신명 고(韓國語 神名 攷) - 정서법(正書法)에서 본 '하느님'", 「한글성서와 겨레문화」, pp. 109-110 참조.

12) Ibid., p. 110.

C. 사전적 근거

박찬욱 신부는 "현대 한글 사전들(이희승, 양주동, 이숭녕, 최현배 등)에서도 하나님=신, 하느님=마귀잡신으로 대분한 예는 없고, 오히려 '하나님' 항을 찾아보아도 '하나님→하느님'으로 거의 통일되고 있기 때문에 이것은 '하느님' 표제어가 포괄적인 내포로서 쓰이고 있는 일반 언중과 학계의 의식의 반영이다. 여기에 무슨 치외법권이 있으랴"라고 일갈하였습니다.[13] 그러나 박찬욱 신부는 거짓말을 하고 있음이 분명합니다. 왜냐하면, 이희승 국어사전에서는 하느님은 "범신론적 신"으로, 하나님은 "기독교에서 신봉하는 유일신"이라고 다음과 같이 풀이하고 있고,

하나님 : 기독교에서 신봉하는 유일신. 전지전능하고, 우주만물을 창조, 섭리, 지배하는 유일 절대의 주재자. 의와 사랑이 충만한 인격적 존재로 무소부재하며 삼위일체의 제1위임.

하느님 : (←하늘님) 종교적 신앙의 대상. 인간을 초월한 절대자로서 우주를 창조하고 주재하며 불가사의한 능력으로 선악을 판단하고 화복을 내린다고 하는 범신론적인 신.[14]

---

13) Ibid., p. 101.

14) 이희승, 「국어대사전」, 24판(서울 : 민중서관, 1976), pp. 3101-3102.

또한 이숭녕이 책임감수한 국어 소사전에서는 하느님을 하나님, 한얼님(대종교), 한울님(천도교), 천주, 상천, 상제, 천제, 황천과 동일시하고 있기 때문입니다.[15]

뿐만아니라, "하나님→하느님"으로 표현한 사전들도 대개가 그 앞에 〈예〉나 〈기〉라고 표시함으로써, 예수교 또는 기독교에서는 하나님으로 사용하고 있음을 여실히 증명하고 있습니다.[16]

이로 보건데 박찬욱 신부의 주장과는 반대로 국어 사전들은 기독교의 신명(神名)이 "하나님"임을 만천하에 증거하고 있는 것입니다.

D. 어원적 근거

박찬욱 신부는 "하느님"은 창조물인 "하늘(sky)"를 존칭하는 것이 아니라 주기도문에 나오는 하늘(Heaven)에 계신 아버지를 의미하며 Heaven을 상징한다고 주장하고,[17] 한국의 기독교

---

15) 이영철 한영선 편찬, 「국어소사전」, 이숭녕 책임감수(서울 : 을유문화사, 1959), p. 1067.

16) Ibid., p. 1069; 양주동 감수, 최신 국어대사전(서울 : 진영출판사, 1974), p. 858; 「현대국어사전」 (서울 : 한서출판사), p. 630.

17) 박찬욱, "한국어 신명 고(韓國語 神名 攷)-정서법(正書法)에서 본 '하느님'", p. 103; Ibid., pp. 112-113.

신명에는 본래부터 "하나"의 의미는 전혀 없고, "하늘"의 뜻만 있었다고 하고,[18] 아울러서 히브리 성서 신관이나, 하느님이 다 하늘 표상으로서 신성을 더듬어 유추해 본 원초형(Typology)은 동일하다고 주장하였습니다.[19]

그러나 한국의 전통적 "하느님" 개념이 하늘(sky)이 아니며 범신론적이 아니라는 박신부의 주장은 억지 주장임이 분명합니다.

이는 전택부 선생이 인용한 최남선의 글에서도 나타난바, 하느님은 천신(天神) 곧 태양을 의미하는 것에 지나지 않았던 것으로, 광명의 신인 태양신이 바로 하느님이었던 것이고,[20] 국어학자인 서정범 교수 역시 하느님은 햇님, 달님, 별님 같이 천체어인 하늘에 님을 붙인 것이며, 근원적으로 따져 올라가면 "태양의 신"이라는 뜻이라고 밝히고 있습니다.[21]

따라서 "하느님"이란 말은 범신론적 용어라는 권도원 씨나 이장식 교수의 지적은 너무나 당연한 것입니다.[22]

---

18) Ibid., pp. 103, 110. - 전택부 선생 역시 동일하게 주장하고 있음. 전택부, "하느님 및 텬쥬라는 말에 관한 역사 소고-18세기와 19세기를 중심으로", Ibid., p. 637.

19) Ibid., p.113.

20) Ibid., pp.597-599.

21) 서정범, "하느님", 「향장」, 1986년 6월호, p. 11.

22) 권도원, "하나님", 「기독교사상」, 1980년 7월호, pp. 90-91; 이장식, "하나님 칭호의 신학적 근거", 「한글성서와 겨레문화」, pp. 128-130.

또 하나, 히브리 신관이 "하늘"을 표상으로 했다는 주장은 신구약 성경의 두드러진 유일신 사상과 유대교와 기독교의 다신론과의 싸움의 역사를 모르거나 일부러 은폐하는 것이며, 구약의 신(神) 관념이 유일신을 내세운 것은 배타적 민족주의적 신앙이 작용한 것이라는 자신의 말과도 정면으로 대치되는 것입니다.[23] 누가 뭐라고 해도 성경적 신관의 가장 독특한 점이 유일성에 있다는 것은 상식이며, "하늘"의 의미를 주장하는 것은 무소부재하신 하나님의 편재의 속성으로 보아 별 의미가 없는 것입니다.

2. 하나님이 옳은 이유

"하나님"이든 "하느님"이든 간에 성경이 말하는 "신" 개념을 의미하는 단어라면, 문제될 것이 없습니다. 그러나 "하느님"이란 말은 기독교가 들어오기 오래 전부터 이미 쓰여진 용어로서 "범신론적" 의미를 갖고 있기 때문에(그 의미는 "하늘(sky)" 내지는 "태양신") 기독교의 신명(神名)으로는 부적절하며, 그 자세한 이유는 전 항에서 이미 4가지로 논증되었으므로 이 항목에서는 "하

---

23) 박찬욱, "하느님 고(攷)", 「한글성서와 겨레문화」, p. 103.

나님" 용어의 타당성만을 간단하게 서술하고자 합니다.

A. 성경적 신관에 아주 적절한 명칭입니다.

이미 앞에서 지적한 바와 같이 신구약 성경에 나타난 하나님 개념은, 이방 종교의 범신론적이고 다신론적인 신관과는 정반대로 인격적 유일신 사상이며 이는 십계명 1-3계명에서 크게 강조되고 있고, 유대교와 기독교의 전 역사는 그러한 다신론적이고 범신론적인 이방 종교와의 싸움의 역사이기도 합니다. 따라서 기독교의 "하나님"이란 "신명(神名)"은 절대 유일의 여호와 하나님을 나타내기에 가장 적절한 용어입니다.

B. 자연스러운 변천

우리 민족은 오랜 경천 사상인 "하느님" 개념을 가지고 있었고, 그것이 "하느님" 혹은 "하나님"으로 혼용 발음되고 있었는데, 훈민정음 창제와 함께 하느님으로 표기되다가, 1933년 한글 맞춤법 통일안의 발표와 함께 "하나님"으로 고치면서 "하느님" 개념과는 결별하고 기독교의 유일신 신명(神名)으로 고정된 것은 지극히도 자연스러운 변천이요 지극히 다행스러운 일입니다.

만약 "하느님"으로 계속되었다면, 재래의 범신론적 신과 혼동

되었을 것이요, 전혀 다른 신명을 썼다면 상당기간 이질감을 갖게 되었을 터인데, 발음상 하느님과 비슷하면서도 성경적인 뜻을 가진 "하나님"으로 결정한 것은, 구미의 기독교가 다신론적 god에서 기독교 신명을 God으로 고유명사화해서 갖게 된 것 만큼이나 자연스럽고도 적절한 결과라고 아니할 수 없습니다.

C. 현재의 통용

"하나님"이란 용어는 이미 오래전부터 기독교의 "신명(神名)"으로 기독교인 뿐만 아니라 전체 국민 속에 통용되고 있음은 주지의 사실이므로, 이를 반대하면서 "하느님"이 옳다고 주장하는 것은 약간의 흥미를 끄는 이색적 주장에 불과한 것입니다.

D. "야훼 하느님" 과 "여호와 하나님"

우리말 성경에는 "여호와 하나님"이고 모두가 그렇게 사용하고 있는데, 박찬욱 신부를 비롯한 일부 인사들은 "야훼 하느님"을 고집하면서, "여호와의 증인들을 제치고(그 말이 '여호와 증인'을 의미하는지, '여호와' 신명을 주장하는 대다수 기독교인을 지칭하는 야유인지 구별이 안되지만) '야훼 하느님'이 서서히 정착되고 있다.”고[24] 착각하고 있습니다.

그러나 기실 유식한 척하고 “여호와”를 “야훼”로 부르는 분들은 하나님의 이름을 망령되게 부르지 말라는 제3계명을 따라 유대인들은 “야훼” 대신 “아도나이”나 “엘로힘”으로 읽었으며, 맛소라 학자들에 의해 본래의 자음(יהוה)에 “아도나이”의 모음을 붙여 “여호와”로 읽었다는 사실과, 본래 히브리어에는 모음이 없었고, 유대인들이 발음한 적이 없기 때문에 그 명칭과 본래적 발음에 대해 다소간 미궁에 빠져있다는 사실을 알고나 있는지 모르겠습니다.[25]

즉 원래의 발음이 “야훼”인지도 확실치 않고, 유대교와 기독교의 전통을 따라 하나님의 이름의 신성을 존중하는 의미에서 “여호와”로 부르는 것은 아름다운 신앙의 미덕임에도 불구하고, “야훼”를 외쳐대는 것은 자기들의 얄팍한 지식에 의존하여 하나님의 이름을 망령되이 일컫는 것에 지나지 않는 것입니다. 우리 보고 “여호와의 증인”이라니, 자기들은 “야훼의 증인”이란 새로운 이단의 무리인가?!

---

24) Ibid., p. 111.

25) 루이스 뻴콤, 「조직신학(신론)」, 고영민 역, 재판(서울 : 기독교문사, 1980), pp. 74-75.

3. "하느님" 주장의 동기 분석

지금까지 모두가 당연하게 "여호와 하나님"으로 사용하고 있었는데 갑자가 "야훼 하느님"이라고 주장하고 나선 저의가 무엇일까?

그것은 단적로 말해 천주교와의 연합운동과 소위 토착화의 일환으로서 그렇게 주장하고 있는 것입니다.

그것은 「공동번역」이 천주교와의 일치운동의 일환으로 시도되었다는 점과 앞서 인용한 박찬욱 신부의 서두와[26] 전택부 선생의 "하ᄂ님 및 텬쥬라는 말에 관한 역사 소고"의 결론 부분에서 명시되고 있습니다.[27]

천주교와의 일치는 천주교가 비기독교적이기 때문에 불가한 것이고, 참된 토착화란 그분들의 견해처럼 기독교가 무속적이고 샤머니즘적인 재래 문명에 야합하고 혼합되는 것을 의미하거나 문화의 옷을 갈아입는 것이 아니라, 성경적 사상과 문화가 이 땅에 정착되어감을 의미합니다(성경적 문화를 서구 문화와 동일시하지 말 것). "예수가 완전히 한국인화 되었으며, '하나님'

---

26) 박찬욱, "하느님 고(攷)", 「한글성서와 겨레문화」, pp. 93-94.

27) 전택부, op. cit., 「한글성서와 겨레문화」, p. 638.

을 고집하는 것은 성육의 은혜를 저버리는 행위”[28] 라고 주장하
는 것은 그 신학적 양식을 의심케 할 뿐만 아니라, 요즘의 소위
토착화 운동이 다름아닌 혼합주의(Syncretism) 운동임을 반증
하고 있는 것입니다.

결론적으로 “하느님”을 주장하는 것은 논리적으로나 신앙적
(신학적)으로도 타당치 못할 뿐 아니라, 그 주장하는 동기를 보
아도 건전한 복음주의적 신앙의 입장에서는 도저히 용납할 수
없는 혼합주의적 신학자들의 주장임을 엿볼 수 있습니다.

1987년

저자 유선호 목사

---

28) Loc. cit.

| 차 례 |

서 론

1982년 11월 11일 서울 YMCA 지란방에서 있었던 목회자를 위한 세미나에서 소망교회 곽선희 목사는 "종교개혁이란 문화의 옷을 갈아입은 것에 지나지 않는다(즉 복음은 변한 게 없는데 표현방식만 다르다는 의미)."고 한 반면, 1984년 6월 28-29일까지 대전 유성에서 있었던 신학원 세미나에서, 고려신학대학의 박병식 교수는 "천주교와 기독교가 다른 점은 260여 가지나 된다."고 말하면서 강력하게 "천주교는 이단이요, 이교"라고 결론을 지었습니다.

CLC의 박영호 교수 역시 WCC의 연합운동을 비판하면서 천주교의 이단성을 공박했습니다.

한편 침신대학의 허긴 교수는 천주교가 가진 잘못된 교리와 의식을 비판하면서도 "천주교가 이단이냐?"는 질문에 대하여는 "흑백논리에 의해 이단이라고 못 박아서는 안 될 것이라"고 말했습니다.

이상 네 분의 천주교에 대한 견해는, 한국 기독교인들의 의견을 대표하는 것 같습니다. 같은 기독교인이면서도, 천주교를 보는 견해는 다음과 같이 세 가지 정도로 나눠진다고 생각할 수 있습니다.

① 천주교는 이단 내지는 이교(다른 종교)이다.
② 천주교가 기독교와 많이 다르기는 하지만, 이단이라고까지는 할 수 없다.
③ 천주교는 이단이 아니고, 기독교와 형제지간이다.

아마도 첫 번째 견해는 보수적인 정통 기독교 신앙인의 입장이요, 세 번째는 자유주의 신학의 WCC적 연합운동을 하는 사람들의 견해요, 두 번째 견해는 애써 온전한 표현을 하려는 입장의 사람들의 견해일 것입니다. 천주교에 대해서 잘 모르거나, 기독교 진리에 확신이 없는 사람들은 두 번째 내지는 세 번째 의견을 주장할 것입니다.

위와 같이 주장하는 사람들은 각자가 그렇게 주장할만한 충분한 이유가 있으리라고 봅니다. 그러나 그 세 가지 견해가 다 맞을 수는 없을 것입니다. 그 중 어느 한 가지가 맞는 말일 것입니다.

물론 정통적인 기독교 복음의 진리를 확신하고, 천주교의 잘못된 교리와 의식을 아는 사람이라면 누구든지 첫 번째의 견해를 표명하리라고 믿어 의심치 않습니다. 본인 역시 보수적인 복음주의 신앙을 가진 목사의 입장에서 "천주교를 이단 내지는 하나의 타종교"라고 생각합니다(물론 천주교 정통 신자들도 기독교를 이단 내지는 이교도라고 주장함). 그런데 문제는 복음적인 신앙을 가졌으면서도 천주교에 대해서는 잘 모르기에 천주교를 큰집이나 사촌쯤으로 알고 있는 신자들이 많다는 사실입니다.

따라서 이 책에서는 "왜 복음적인 정통 기독교의 입장에서는 천주교를 이단이나 타종교로 보는가"하는 몇 가지 분명한 이유들을 밝히고자 합니다. 사람마다 그 입장과 가진 지식이 다르기 때문에 이 책을 읽는 모든 사람이 우리의 견해에 동의하리라고는 생각지 않습니다. 그러나 적어도 "왜 기독교인들이 천주교를 이단이나 타종교라고 하는지"에 대해서는 이해하게 될 것으로 기대합니다.

역사를 살펴보건데, 천주교는 그 악명 높은 종교 재판을 통해 수많은 기독교 신자들을 이단으로 정죄하여 학살했습니다. 그러나 우리는 단순히 천주교를 이단으로 정죄하는 것이 목적이 아니라, 아직까지 바른 진리를 알지 못해서 천주교에 빠져있거나 혹은 기독교 신자들 중에 천주교에 대해서 잘 모르는 사람들로 하여금 확실한 사실을 깨닫게 하려는데 그 목적이 있습니다.

천주교의 박도식 신부는 그의 책 「천주교와 개신교」의 머리말에서 다음과 같이 말했습니다.

같은 성경을 손에 들고 있으면서 서로가 서로를 비방하고 오해한다면 하느님께 얼마나 죄스러운 일이겠습니까? 그런데 우리의 현실은 한분의 하느님, 한분의 구세주를 모시고 서로가 서로를 오해하고 비방하는 눈물겨운 일들이 얼마나 많이 있습니까?

특별히 여러 종파의 개신교에서 가톨릭에 대한 오해는 가톨릭 교리에 대한 이해의 부족으로 온다는 것을 나는 많은 개신교 신자들의 접촉에서 절감해 왔습니다. 한마디로 너무나 일방적인 자기위주의 판단에서 오는 것 같습니다.

하느님 앞에 한 형제라는 긍지를 가지고 있다면 그렇게까지 편견적인 태도는 없을 것입니다.

많은 개신교파에서 그리고 많은 개신교 신자들이 그리스도교의 근본이요 요람인 가톨릭에 대해서 너무나 이해가 없고 일방적인 태도로 일관하는 것을 보고 그들에게 뭔가 서로 알고 지낼 수 있는 기회를 갖고 싶었습니다.

서로가 서로를 안다는 것은 같이 대화를 할 수 있고 더구나 같은 크리스천으로서 이 인류 복음화에 공동으로 이바지 할 수 있을 것으로 보고 가장 기본적인 오해점을 서로 대화로 이해해보기 위해 이 작은 책자를 시도했습니다.[1]

---

1) 박도식, 「천주교와 개신교-하나인 교회」, 7판(서울: 가톨릭 출판사, 1983), pp. 1-2.

이 글은 마치 우리가 같은 하나님을 섬기고 같은 성경을 믿는 한 형제라고 말하고 오해를 풀자는 것 같이 들립니다.

그러나 정작 그 책에서는 천주교의 정통성과 유일성 (천주교만이 유일한 정통 그리스도교라는)만을 강조하면서, 천주교로 개종할 것을 유도하였고, 끝 부분에는 기독교에서 천주교로 개종한 사람들의 개종수기를 실었습니다. 그야말로 감언이설과 같았습니다.

그분이 정말 기독교를 '형제'로 인식했다면 무엇때문에 천주교의 유일성을 내세우면서 천주교로 개종하라고 유도하겠습니까? 서로 다른 종교이기 때문에 '개종'이라는 말을 사용한 것이 아니겠습니까? 그럴 바에야 처음부터 속을 드러내 놓고 말하는 것이 솔직하고 순수하지 않을까 생각해 봅니다(적어도 같은 형제인 우리들은 장로교, 성결교나 감리고, 침례교 등에서 교인이 그 교파로 옮겨갔을 때 개종했다는 말을 쓰지 않습니다. 개종이란 한 종교에서 다른 종교로 바꾸는 것을 의미합니다. 예를 들면 불교에서 기독교로 …).

아무 이유 없이 다른 종교를 비방하는 일은 국교가 없이 신앙적 자유가 있는 민주주의 사회에서는 사람들의 공감을 얻을만한 일이 못됩니다. 그러나 자기 종교와 타종교와의 차이점을 분명히 하는 일이나, 어떤 종교가 자기 종교인양 자처하여 항간에 오해를 불어 일으킬 때, 사실을 파헤쳐서 그것을 자기 종교와는 무관한 다른 종교임을 천명하는 일은 비방이 아니라 극히 자연스럽고 정당한 일입니다. 천주교가 천주교라는 독특한 하나의 종교로 자처한다면 그리 크게 문제 삼을 것이 없을 것입니다.

그러나 천주교는 기독교와는 전혀 다른 종교임에도 불구하고 마치 정통적인 기독교이거나 기독교의 본거지인 것처럼 자처하고 기독교의 일부로 오인되는 한, 우리는 과감하게 사실을 파헤쳐서, 천주교는 기독교가 아니라는 사실을 만천하에 밝힐 필요가 있는 것입니다.

본인은 이 책에서 우리 기독교는 천주교와 같은 성경을 들고 있지도 않고, 그들의 하느님(天主, 하늘님)과 우리의 하나님 (여호와 하나님)이 절대로 같이 않다는 것과, 그들은 우리의 형제가 아니라는 점을 분명히 밝힐 것입니다.

천주교와의 관계에서 우리는 다음의 세 가지를 가정할 수 있습니다.

① 그들이 주장하는 대로 천주교(로마 카톨릭)만이 그리스도께서 세우신 유일한 교회일 경우 : 우리 모든 기독교인들은 "기독교"라는 이단을 버리고 통회자복한 후, 천주교로 귀의해야 합니다.

② "천주교"나 "기독교" 모두 다 똑같은 그리스도의 교회인 경우 : 우리 모든 기독교인들은 교회를 분열시킨 루터나 칼빈과 같은 종교개혁자들의 죄를 회개하면서 천주교와 합하여야 하며, 형제의 사랑을 나눠야 합니다.

③ 천주교회가 비성경적이고 이단적인 교리를 가진 종교인 경우 : "천주교와 일치하려는 모든 것은 마귀의 올무이며 천주교는 기독교적 이단이거나 아니면 다른 이교도처럼 간주해야 합니다.[2]

이제 먼저 무엇을 이단이라고 하는지부터 생각해 보고, 천주교를 배격해야 하는 이유들을 살펴보겠습니다.

물론 그 이유가 한두 가지가 아니라 엄청나게 많지만, 가장 중요한 이유들을 몇 가지로 간추려서 정리해 보고자 합니다.

---

2) 유선호, 「천주교도 기독교인가?」, 재판(서울 : 할렐루야서원, 1998), p.18.

제1장

이단이란 무엇인가?

그러나 민간에 또한 거짓 선지자들이 일어났었나니
이와 같이 너희 중에도 거짓 선생들이 있으리라
저희는 멸망케 할 이단을 가만히 끌어들여 자기들을 사신 주를
부인하고 임박한 멸망을 스스로 취하는 자들이라
- 베드로후서 2:1

국제 종교 문제 연구소의 탁명환 소장은 그의 책에서 다음과 같이 말하였습니다. "오늘의 한국 교회는 그 어느 때 보다 더 많은 수치와 상처를 지니고 있다. 그것은 한국 교회 주변에 이단 사교들의 발호와 거기에 대비하는 기성교회의 무지와 무기력이다. 우리는 이런 사교에 대한 어떠한 결정적인 대처를 하지 못하여 왔다. 그 이유 가운데 하나는 그 사이비 종교 자체에 대한 정확한 지식 및 정보의 결여 때문이었다고 할 것이다."[1]

그렇습니다. 지금 우리는 이단에 대한 뚜렷한 정의를 못 내리고 있으며, 오히려 지난날 선배들이 이미 이단으로 정죄한 무리를 받아들이고 있는 혼란 가운데 있어, 정말 혼란을 부채질하고 있는 상황입니다. 이러한 때에 이단을 정의해보고 우리의 입장을 공고히 함은 매우 뜻있는 일이 아닐 수 없습니다.

---

1) 탁명환, 「한국의 신흥종교-기독교편(I권)」, 7판(서울: 성청사, 1975), p. 39.

제1절 이단의 정의

고려대학교 영문학 교수인 노희엽씨는 말하기를 "이단이란 집권중인 정통파가 반대파를 내리누르기 위한 구실로 사용하는 말로 그 본질은 자기의 자유를 위해 남의 자유를 억압하는 이기주의적 독선 행위에 지나지 않는다"[2] 고 하였지만 그런 견해는 지극히 옳지 못한 이야기입니다.

유명한 웹스터 사전에서는 이단을 다음과 같이 정의하였습니다. "특정 교회의 공인된 교리 표준에 반대되는 종교적 견해로써 분리를 조장하는 것."[3]

이단과 이교에 대하여 알기 쉽게 설명해 본다면 다음과 같이 말할 수 있을 것입니다.

이교 : 기독교가 아닌 다른 종교(타종교)를 의미합니다. 즉 신앙의 대상이나 경전, 그리고 기본적인 교리나 의식이 기독교와는 전혀 다른 종교를 말하는바 불교, 마호메트교(회교), 유교, 힌두교, 신도(일본의), 기타의 모든 종교들을 들 수 있습니다.

---

2) 「경향신문」, 1976. 8., 10. p.5.

3) N. Webster, Webster's Collegiate Dictionary, 5th. ed.(Mass : G&C. Merriam Co., 1942). p. 466.

이단 : 기독교의 탈을 쓴 사이비 기독교를 말합니다. 그 신앙의 대상이나, 성경이나, 교리와 의식 등이 기독교와 유사하여 언뜻 보면 기독교의 일파인 듯하지만, 실상 그 정체를 알고 보면 기독교가 아닌 다른 종교인 경우를 말합니다. 경찰복만 어디서 구해 입고서 온갖 나쁜 짓을 하는 가짜 경찰관처럼, 그들은 자신들이 가장 정통적인 기독교라고 주장하거나, 기독교의 한 교파처럼 행사하지만, 실상은 영혼들을 지옥으로 보내는 가짜 기독교입니다. 천주교, 여호와의 증인, 몰몬교(말일성도 예수 그리스도 교회), 통일교, 전도관 등등을 들 수 있습니다.

이교와 이단의 차이점 : 이교나 이단이나 기독교와 다르다는 점은 마찬가지입니다. 그러나 이교는 아예 처음부터 타종교로 자처하는 반면, 이단들은 자기들이 진짜 기독교라고 주장하거나, 기독교의 일부분이라고 주장하는 점이 이교와 다릅니다. 따라서 어떤 종교가 그 교리나 의식이 기독교와 다르다면, 그것은 이교(즉 타종교)입니다. 그러나 기독교와는 다르면서도 자기들이 기독교라고 주장한다면, 그것은 곧 이단입니다.

제2절 이단의 특성

A. 이단에 대한 여러 견해들

이단 종교들이 어떤 특성들을 가지고 있는가에 대하여, 이단에 대해 연구해온 몇 분들의 견해를 소개하면 다음과 같습니다.

1. 박영관 박사의 견해

① 성경을 가감하면 이단이다.

② 예수 그리스도의 구속 사역을 제한 내지는 부인하면 이단이다.

③ 지금도 계속적인 계시를 주장하면 이단이다.[4]

2. "고 데트(스위스 학자)" 의 견해

① 우주에나 우주 위에도, 우주 밖에도 인격적인 하나님은 존재하지 않는다.

② 사람 자신이 신이다. 사람이 곧 이 세상의 신이다.

③ 내가 곧 인간의 대표이며, 인간의 대표인 나를 예배하는 것이 곧 신을 예배하는 것이다.

---

4) 박영관, 「기독신보」, 1976. 3. 13, p.2.

이렇게 주장하는 것이 곧 적그리스도 신학이다.[5]

3. "프릿츠 리네나워"의 견해

① 이단에 속한 사람들은 누구나 다 다른 기독교는 진리가 아니며, 자기들이 믿는 것만이 하나님에 대한 참 진리에 속하는 것이며, 자기네들은 특별한 무리라고 한다.

② 이단에 속한 사람들은 그리스도의 신성을 부인하거나, 인간을 그리스도의 수준으로 올린다.

③ 그리스도를 믿는 믿음만으로는 구원받을 수 없다고 하며, 선행과 자기 이단의 교리를 복종함으로써 의롭게 될 수 있다고 한다.

④ 그들은 성경을 새롭게 해석하며 이에 추가시킨 그들 지도자들의 설명을 믿는다.

⑤ 많은 이단들이 성경을 믿고 있기는 하나, 성경의 가르침을 자기들의 특수성에 적합하도록 인간, 하나님, 성령, 천국과 지옥, 구원, 그리고 기타 중대한 교리 등을 그릇 가르치고 있다.[6]

---

5) 마두원, 「성별」, 1975. 4월호, p. 54.

6) 프릿츠 리데나워, 「무엇이 다른가?」, 8판(서울: 생명의 말씀사, 1980), pp. 140-141.

4. 김규당 목사의 견해

① 하나님의 인격성을 부인한다.

② 사탄의 존재와 그 인격성을 부인한다.

③ 우주의 창조됨을 부인한다.

④ 인생의 창조됨을 부인한다.

⑤ 죄의 존재를 부인한다.

⑥ 삼위일체를 부인한다.

⑦ 성령을 부인한다.

⑧ 기도의 특권과 능력을 부인한다.

⑨ 사죄의 교리를 부인한다.

⑩ 예수의 재림을 부인한다.

⑪ 최후의 심판을 부인한다.

⑫ 그리스도의 대속을 부인한다.

⑬ 그리스도의 부활을 부인한다.

⑭ 그리스도의 하나님 되심을 부인한다.

⑮ 죄의 필요성을 주장한다.

⑯ 구원은 행함으로 얻는다고 주장한다.

⑰ 윤회설(전생)을 주장한다.

⑱ 성경의 무가치를 주장한다.[7]

---

7) 김규당, 「사이비한 종파」 (설교사, 1955)., pp. 3-110 passim

5. 탁명환 소장의 견해

① 시한부 말세 심판을 주장한다.

② 지상천국 사상을 들 수 있다.

③ 선민의식이 강하다.

④ 혼합주의(Syncretism)이다.

⑤ 입신 등 신비체험을 강조하고 있다.

⑥ 교주의 카리스마화(Charisma화)

⑦ 무속적 기독교로 변질

⑧ 폐쇄적이다.[8]

6. 성경의 견해

성경에는 이단에 대해서 구체적으로 표현하고 있지 않습니다. 그러나 이단이 어떤 것들인지는 잘 말해주고 있습니다.

이단이란 하늘에서 졸지에 떨어졌거나 땅에서 솟아난 것이 아니라 교회에서 파생되었으며(요일 2:19), 그리스도의 교훈 안에 거하기를 거부하며(요이 1:9), 그들은 정통이 아니요(요 10:1-2), 성경을 가감하거나(계 22:18-19, 신 4:2; 12:32), 성경을 사사

---

8) 탁명환, op. cit., pp. 61-63.

로이 해석하거나(벧후 1:20-21), 억지로 해석하며(벧후 3:16), 세상과 벗을 삼고(약 4:4), 성경이 말하지 않는 다른 예수를 전파하거나, 다른 영을 받게 하거나, 다른 복음을 받게 하는 자들임(고후 11:4)을 성경은 잘 말해 주고 있습니다.

B. 이단의 특성들

위에서 살펴본 내용을 정리해 본다면, 대체로 다음과 같은 경우에는 그 종교를 이단(또는 이교)이라고 말할 수 있을 것입니다.

1. 하나님을 부인하는 경우

① 하나님이 없다고 주장한다.

② 여호와 하나님 외에 다른 신을 숭배한다.

③ 하나님도 숭배하고 다른 신들도 숭배한다.

④ 하나님에 대한 성경적인 진리를 부인하거나 다르게 말한다.

⑤ 하나님의 인격성을 부인하거나 삼위일체를 부인한다.

⑥ 하나님 외에 다른 귀신이나, 천사나, 조상들을 섬긴다.

⑦ 모든 것이 다 신성을 가졌다고 하거나, 물질과 신을 동일시한다(범신론, 다신론, 자연신론).

⑧ 인간을 신과 동일시하거나, 인간이 곧 신이 될 수 있다고 한다.

2. 성경을 부인하는 경우

① 성경이 유일한 하나님의 말씀임을 부인한다.

② 성경 이외에 다른 책도 성경과 동등하게 믿는다.

③ 성경 이외에 다른 신앙의 규범을 가진다.

④ 성경의 신적 권위와 그 필요성, 충족성, 명료성을 부인한다.

⑤ 성경의 일부만 인정한다.

⑥ 성경에 없는 교리를 만들거나, 성경적인 진리를 부인하거나, 다르게 가르친다.

⑦ 계속적인 계시를 주장한다.

⑧ 성경의 진리와 여러 가지 다른 종교 및 철학적 사상들을 혼합하여 가르친다(혼합주의, Syncretism).

3. 그리스도의 구속(救贖)을 부인하는 경우

① 그리스도가 하나님의 아들 되심을 부인한다.

② 그리스도의 신성과 인성의 어느 한쪽을 부인한다.

③ 그리스도의 십자가의 완전한 구속을 부인하거나 제한한다.

④ 그리스도를 믿는 것 이외의 다른 구원의 방법을 말한다.

⑤ 그리스도께서 유일한 구주이심을 부인하거나, 그리스도 이외의 다른 구세주를 말한다.

⑥ 구약적 제사의 필요성을 말한다.

4. 성령을 부인하는 경우

① 성령의 인격성을 부인한다.

② 성령의 하나님 되심을 부인한다.

③ 귀신의 역사를 성령의 역사와 동일시한다.

④ 인간의 종교적 수양에 의한 심성개발을 성령의 체험과 동
　일시한다(명상이나 심령과학, 최면술 등).

⑤ 성령의 실제적 사역을 부인하거나 제한한다.

5. 인간을 신격화하는 경우

자기 종교의 교주나 창설자나 지도자를 인간 이상으로 신격
화하여 다음과 같이 주장한다.

① 그의 탄생이 보통 인간과 다르다.

② 그의 능력이 보통 인간과 다르다

③ 그는 죄가 없거나, 죄에 오염되지 않았다.

④ 그는 우리의 기도를 들어주거나 우리 대신 하나님께 기도
　할 수 있는 지위에 있다.

⑤ 그가 하나님 혹은 그리스도의 대리자이다.

⑥ 그는 예수와 같은 구세주이다.

⑦ 그가 바로 재림 예수이다.

⑧ 그는 우리의 죄를 용서해 줄 권세가 있다.

⑨ 그는 오류가 없다.

⑩ 그가 바로 신의 화신이거나, 구세주이다.

6. 그리스도의 몸된 교회를 부인하는 경우

① 교회가 그리스도의 몸인 것을 부인한다.

② 유형교회(교단, 개교회, 교회제도와 조직)을 부인하는 무
교회주의.

③ 그리스도인의 모임으로서의 교회를 부인하고, 인간적인
제도와 조직만을 교회라 주장한다.

④ 기성교회를 부인하고 자기들만 유일한 참 교회라 주장한다.

⑤ 자기 교파 외에는 구원이 없다 한다.

⑥ 어떤 특정한 지도자의 지도를 받아야 참 교회라고 주장한다.

7. 믿음으로 구원 얻는 것을 부인하는 경우

① 원죄를 부인하거나, 선을 행함으로 구원을 얻는다고 주장한다.

② 믿음 뿐 아니라 행위도 있어야 구원받는다고 주장한다.

③ 구약적 율법들을 지켜야 구원받는다고 주장한다.

④ 구원받았는지 여부는 죽어봐야 안다고 주장한다.

⑤ 구원은 얻었다가도 잃어버릴 수도 있다고 주장한다.

⑥ 다른 사람의 공로를 힘입어 구원 얻을 수 있다고 주장한다.

⑦ 인간의 전적 부패를 부인하거나, 신인협동설을 주장한다.

⑧ 어떤 의식을 행함으로 구원받는다고 주장한다.

8. 우상 숭배와 미신의 경우

① 하나님의 형상을 만들거나 숭배한다.

② 어떤 형상을 만들거나 그 앞에 절하거나, 기도하거나, 복
을 빌거나, 맹세하는 행위.

③ 주문을 외우거나, 부적을 만들거나, 염주알을 굴리거나,
비성경적으로 귀신 쫓는 의식을 행한다.

④ 죽은 자에게 분향하거나 절한다.

⑤ 죽은 조상에게 제사하거나, 그 산소에 절한다.

⑥ 점을 치거나 택일을 하거나, 사주팔자를 보거나, 궁합을
보거나, 운명 감정을 하거나, 고사를 지낸다.

⑦ 나무, 돌, 짐승 같은 자연이나, 어떤 것에게 절하거나 복을
달라 하거나 섬기는 행위.

⑧ 여타의 비성경적이고 비과학적인 우상숭배나 미신행위.

9. 비성경적인 종말론을 주장하는 경우

① 지상 천국을 주장한다.

② 최후 심판과 천국과 지옥을 부인한다.

③ 죽은 후에도 회개하거나, 죄를 용서받거나, 구원 받을 기회가 있다고 주장한다(연옥설, 사후기회론).

④ 예수의 재림을 부인하거나, 이미 재림하였다고 주장 하거나, 혹은 예수 재림 날짜를 계산하여 예언한다.

⑤ 인간의 영혼이 아주 없어진다고 주장하거나(영혼 멸절설), 천국과 지옥의 실재적 장소성을 부인한다(즉 비유나 우화나 신화 혹은 상징화 해버린다).

⑥ 결국은 모든 인류가 다 구원받게 될 것이라고 주장한다(만인 구원론).

제2장

첫째 이유 | 다른 신을 믿기 때문이다

너희는 고하며 진술하고 또 피차 상의하여 보라
이 일을 이전부터 보인 자가 누구냐 예로부터 고한 자가 누구냐
나 여호와가 아니냐 나 외에 다른 신이 없나니 나는 공의를 행하며
구원을 베푸는 하나님이라 나 외에 다른 이가 없느니라
– 이사야 45:21

천주교가 기독교와는 다른 신을 섬긴다고 말하면, 아마도 깜짝 놀랄 사람들이 많을 것입니다. 대부분의 사람들이 천주교나 기독교나 다같은 하나님을 믿는 것으로 알고 있으니까요.

그러나 천주교의 하느님(天主님)과 기독교의 하나님은 그 명칭부터가 다르고, 기독교는 오직 삼위일체 하나님만 섬기는 반면에, 천주교는 "마리아"라는 여신(女神)과 그 외 수 많은 성인과 성녀라고 칭하는 신(神)들을 숭배하고 있다는 사실을 알아야 할 것입니다. 물론 마리아 숭배나 성자 성녀 숭배를 어찌 다른 신을 숭배하는 것으로 볼 수 있겠느냐고 반문하실 분들도 있을 줄 압니다. 그러나 그 실상을 아신다면, 당신도 역시 우리와 같은 결론에 도달하리라고 생각합니다.

제1절 하느님과 하나님

한국의 일부 자유주의 교파와 천주교가 합작으로 만들어서 천주교에서 쓰고 있는 「공동번역 성경」에서는 "하나님"을 "하느님"으로 번역하였습니다. 그러나 국어 사전에 의하면 하나님과 하느님은 절대로 동일시 될 수 없는 것입니다. 왜냐하면, "하나님"은 우리가 믿는 인격적인 유일신이신 "여호와 하나님"을 의미하고, "하느님"은 "하늘님"에서 늘의 'ㄹ'이 탈락된 형태로서 범신론적인 신을 의미하기 때문입니다. 이제 하나님과 하느님에 대한 국어 사전의 설명을 인용해 보겠습니다.

하나님 : 기독교에서 신봉하는 유일신. 전지전능하고, 우주만물을 창조, 섭리, 지배하는 유일 절대의 주재자. 의와 사랑이 충만한 인격적 존재로 무소부재하며 삼위일체의 제1위임.

하느님 : (←하늘님) 종교적 신앙의 대상. 인간을 초월한 절대자로서 우주를 창조하고 주재하며 불가사의한 능력으로서 선악을 판단하고 화복을 내린다고 하는 범신론적인 신.[1]

---

1) 이희승, 「국어대사전」, 24판(서울 : 민중서관, 1976), pp. 3101-3102.

　이와 같이 "하나님"과 "하느님"은 절대로 동일시 될 수 없는 것이고, 영어의 God(하나님)과 god(신, 귀신, 잡신) 만큼이나 다른 것입니다. 그럼에도 불구하고 「공동번역」에서 "하느님"으로 번역한 것은 천주교의 "천주天主(하늘님)"에 해당하도록 한 것임은 너무나 자명한 일입니다.[2]

　천주교는 천주님(하느님, 곧 하늘님)을 믿지만, 우리 기독교는 여호와 하나님을 믿습니다. 어느 누가 하늘님과 하나님을 동일시한다면, 그는 고의적으로 하나님을 범신론적인 천지신명이나 옥황상제와 같이 취급하려고 하는 것이며, 하나님을 절대 유일의 신이 아닌, 잡신으로 격하시키려고 하는 것입니다. 우리나라에 기독교가 들어오기 전에도 사람들은 하느님을 믿고 있었습니다. 새벽에 목욕재계하고 천지신명에게 복을 빌었고, 도가에서는 옥황상제를 이야기 하였습니다. 그러나 그들에게 성경이 말하는 창조주이시고, 절대유일의 인격적인 기독교의 하나님 개념은 없었습니다. 죄의 해결 같은 것 보다는 복 받기만을 바라는 토속신앙의 일종이었던 것입니다. 이러한 하늘님이 어찌 우리 기독교의 하나님과 같을 수가 있겠습니까? 그런 주장은 하나님을 철저히 모욕하는 망언에 지나지 않습니다. "하나님과

---

2) 유선호, 「천주교도 기독교인가?」, 재판 (서울: 할렐루야서원, 1998), p. 319.

하느님"에 대한 더 자세한 내용은 "제4판 서문(p.8)을 참고해주시기 바랍니다.

제2절 마리아 여신(女神) 숭배

천주교에는 마리아를 신격화시키기 위한(신으로 만들기 위한) 다섯 가지 교리와 마리아를 신으로서 숭배하는 세 가지 교리가 있습니다. 이것들을 자세히 살펴본 후에 어떻게 해서 마리아 숭배가 생겼는지 알아보겠습니다.

A. 마리아를 신격화시킨 교리들

"신격화"라는 말은 인간이나 어떤 것에 신성을 부여하여 신처럼 숭배되도록 하는 것을 말합니다. 마리아는 평범한 한 인간임에도 불구하고 천주교는 그녀를 인간보다 뛰어난 신과 같은 존재로 만들었습니다. 마리아를 신격화시키기 위해 그들은 다음과 같은 다섯 가지의 교리를 만들어 내었습니다. 즉 ① 마리아는 평생 처녀였다(마리아 종신 처녀설). ② 마리아는 하나님의 어머니이다(마리아의 모성). ③ 마리아는 원죄에 물들지 않고 태어났다(마리아 무죄 잉태설). ④ 마리아는 죄 없는 삶을 살았다(마리아 평생 무죄설). ⑤ 마리아는 죽은 후 부활 승천하여 하늘의 여왕이 되었다(마리아 부활 승천설).[3] 그들은 이것이 바로 마리아를 숭배하는(공경하고 사랑하는) 근거가 되고 있다고 말합니다.[4] 즉 마리아를 숭배하기 위해서 성경에도 없는 그런 교리들을 만들어 낸 것입니다.

1. 마리아 종신 처녀설

"마리아 종신 처녀설"이란, 마리아가 예수를 낳기 전에도, 낳는 동안에도, 낳은 후에도 동정(숫처녀)이라는 주장입니다.[5]

a. 천주교의 주장

그들은 마리아의 종신 처녀설을 주장하기 위해서 다음과 같이 몇 가지 말도 안 되는 소리를 하고 있습니다. 즉,

① 예수님의 잉태를 알리러 왔던 천사에게 "나는 사내를 알지

3) 볼프강 바이너르트, 「마리아-오늘을 위한 마리아론 입문」, 심상태 역, 중판(서울 : 성바오로 출판사, 1983), p. 107.

4) 존 오브라이언, 「억만인의 신앙」, 정진석 역(서울: 가톨릭 출판사, 1983), p. 547.

5) R. 로울러, D. 우얼, T. 로울러, 「그리스도의 가르침」, 오경환 역, 중판(서울 : 성바오로 출판사, 1983), p. 130.

못하니 어찌 이 일이 있으리이까"하고 대답한 〈눅 1:34〉의 말은, 곧 "알다($\gamma\iota\nu\acute{\omega}\sigma\kappa\omega$)"가 현재형이므로 영구적인 처녀성을 맹세했다는 의미라고 주장하고,[6]

② 마리아에게는 다른 자녀들이 없었고 요셉과의 결혼의 권리도 행사하지 않았으며,[7] 요셉은 마리아와 결혼했지만 동정을 지키기로 한 결혼이었고,[8]

③ 성경에서 말하는 예수님의 형제들은 친 형제가 아니라 사촌형제들이거나 친척 관계의 인물들이라는 것입니다.[9]

b. 비판

그러나 다음과 같은 사실들을 볼 때, 마리아가 종신토록 처녀였다는 이야기는 천주교가 꾸며낸 이야기에 불과하다는 것을 알 수 있습니다.

① 이 설은 맨 처음 에피파니우스(Epiphanius, 310-403)가 확

---

6) 기독교대백과사전 편찬위원회 편, 「기독교대백과사전」, 제5권, 재판(서울: 기독교문사, 1983), p. 732.

7) A. 덜레스 외, 「간추린 생활교리」, 정승현 역(서울: 성바오로출판사, 1980), p. 124.

8) R. 로울러, D. 우얼, T. 로울러, op. cit, p. 265.

9) 박도식, 「천주교와 개신교-하나인 교회」, 7판(서울: 가톨릭출판사, 1983), p. 18.

립하였고,[10] 점차 발전하여 제2차 바티칸 회의(1962-1965)에서 "영원한 동정녀"라고 부르게 되었습니다.[11] 역사적으로 볼 때, 이것은 초대교회로부터 믿어진 것이 아니라, 천주교에 의해 점차 발전되어 1960년대에야 정식으로 확정된 것이라는 사실입니다.

② 성경은 예수님을 "맏아들"이라고 하였습니다(눅 2:7). 이 말은 곧 그의 동생들이 있다는 것을 의미합니다.

③ 성경에는 예수님의 동생들의 이름(야고보, 요셉, 시몬, 유다)이 기록되어 있고, 누이들도 있었다고 말하고 있습니다(마 13:55-56).

④ 또 "그 아내를 데려왔으나 아들을 낳기까지 동침치 아니하더니(마 1:24-25)" 라고 기록되어 있는데, 이는 아들을 낳은 후에는 동침했다는 말입니다.

⑤ 천주교에서는 성경에 나오는 예수님의 동생들이 사촌동생들이라고 주장하는데, 그렇다면 왜 사촌형제를 의미하는 단어인 "아네프시오스(ἀνεψιός, 골4:10)" 라는 말을 쓰지 않고 혈육의 친형제를 의미하는 "아델포스(ἀδελφός)"를 사용했을까?

⑥ 그들은 예수님을 분만할 때도 마리아가 동정성을 잃지 않

---

10) 이종기 편, 「교회사」 (서울: 세종문화사, 1975), p. 144.
11) R. 로울러, D. 우얼, T. 로울러, op. cit, p. 130.

고 분만하였다고 주장하는데, 그런 주장은 인간의 상식을 우롱하는 주장입니다. 만약 그렇다면, 마리아가 예수를 낳았다고 주장할 필요조차 없는 것입니다. "동정녀 잉태"를 가능케 하신 하나님께서 그것을 못하시겠느냐고 말하겠지만, 하나님께서 그런 능력이 없어서가 아니라 그렇게 하실 이유가 도무지 없다는 사실입니다(천주교에서야 마리아를 신성시하도록 하는데 그런 교리가 필요하니까 만들었겠지만, 성경은 마리아의 신격화에는 전혀 관심이 없는 것을 볼 수 있습니다.). "알다($\gamma\iota\nu\acute{\omega}\sigma\kappa\omega$)"의 현재형 운운은 무식의 소치입니다.

2. 마리아의 모성(마리아는 하나님의 어머니이다)

그들은 외람되게도 마리아가 하나님의 어머니라고 다음과 같이 주장하고 있습니다.

a. 천주교의 주장

① 마리아가 하나님의 모친임은 431년 에베소 공의회에서 교리로 선포되었고,[12] 1931년 교황 피어스 11세가 재확인 하였습

---

12) 볼프강 바이너르트, op. cit., pp. 117-118.

니다.

② 마리아는 예수님의 어머니인데, 예수님은 하나님(성자 하나님, 삼위일체의 제2위)이시므로, 마리아는 곧 하나님의 어머니라는 주장입니다.[13]

b. 비판

① 그러나, 431년 에베소 회의가 마리아를 "하나님의 어머니"라고 부른 것은, 당시의 이단들이 예수님의 신성을 부인했기 때문에 그것을 강조하기 위해서 마리아가 낳으신 분은 참으로 인간이 되신 하나님의 아들이라고 주장하였던 것인데, 천주교는 이러한 사실을 알면서도 고의적으로 그것을 마리아의 신격화에 이용하고 있는 것이며,[14]

② 예수께서 하나님이시기 때문에, 마리아는 하나님의 모친이라는 주장은 결국 마리아는 예수님의 어머니이기 때문에, 예수님의 아버지이신 하나님의 부인이라는 말도 되고, 예수님은 곧 하나님이시니까, 하나님의 부인인 마리아는 예수님의 부인이라는 말도 됩니다. 이와 같은 엉터리 궤변이 어디 있겠습니까?

---

13) R. 로울러, D. 우얼, T. 로울러, op. cit., pp. 120-127.
14) 이종기 편, op. cit., p. 144.

③ 그리하여 그들은 마리아를 하늘의 여왕으로 부르고 있으니,[15] 이것은 바로 마리아가 만왕의 왕이신 하나님의 자리를 빼앗아 버린 것을 의미합니다.

④ 성경은 마리아가 하나님의 어머니라는 주장을 단호히 거절할뿐 아니라, 평범한 인간임을 말하고 있습니다.

3. 마리아 무죄 잉태설(원죄가 없다)

그들은 마리아를 여신으로 만들기 위해, 그녀가 하나님의 어머니인, 하늘의 여왕이라고 주장하는 것만으로는 부족하므로 마리아는 원죄 없이 잉태되었다고 주장하고 있습니다.

a. 천주교의 주장

① 마리아는 잉태되는 첫 순간에, 하나님의 특별한 은총으로 예수 그리스도의 예견된 공로에 비추어서 원죄의 아무 흔적도 받지 않도록 보호되었기 때문에 예수 그리스도의 구속의 첫 열매가 되었다.[16]

---

15) 가톨릭출판사 편집부 편, 「중요교리 · 전례 · 용어 해설」 (서울 : 가톨릭출판사, 1979), pp. 292-293.

16) R. 로울러, D. 우얼, T. 로울러, op. cit., p. 132.

즉 예수의 십자가의 구속의 공로를 미리 적용하여 죄 없이 태어났다는 주장입니다(통일교에서는 인류 최초의 죄 없는 아이들이 문선명의 아이들이라고 주장한다는데, 천주교에서는 마리아가 인류 최초의 죄 없는 사람이라는 주장입니다).

② 또한 그들은 이 교리를 선포한 뒤 4년 후에 프랑스 루르드에서 마리아가 나타나서 "나는 원죄없는 잉태로다"하고 말함으로서 이 교리가 참됨을 알려 주었다고 주장하였습니다.[17]

b. 비판

① 이 교리는 1854년에 심한 의견 대립에도 불구하고 교황 피어스 9세가 선포한 것을,[18] 14년 후에 바티칸 회의가 확정한 것입니다.[19] 어째서 이렇게 중요한 교리가 거의 2천년 만에야 발견되었단 말입니까? 그것도 성경에 없는 사실이 어떻게 교황에 의해서 결정될 수가 있을까요?

② 하나님께서 예수님의 십자가의 대속의 은총을 미리 가불

---

17) 가톨릭출판사 편집부 편, op. cit., p. 301.

18) 기독교대백과사전 편찬위원회 편, 「기독교대백과사전」, 제8권(서울 : 기독교문사, 1983), pp. 1382.

19) 이종기 편, op. cit., p. 495.

하여서 마리아가 잉태될 때 적용하셨다는 주장은 천주교인들이나 할 수 있는 말도 안 되는 주장입니다. 어떻게 아직 예수께서 태어나기도 전, 십자가 사건이 일어나기도 전에 그것을 마리아가 그녀의 어머니의 모태에서 잉태될 때에 미리 적용할 수 있단 말입니까?

③ 마리아가 태어날 때부터 죄가 없다는 천주교의 주장은 "의인이 하나도 없으며(롬 3:10), 모든 사람이 죄를 범하였고(롬 3:23), 다같이 죄 아래 있다(롬 3:9)"고 하는 성경을 정면으로 거부하는 행위입니다.

4. 마리아의 지속적 무죄성(자범죄가 없음)

이 주장은, 마리아가 일생동안 죄를 짓지 않고 살았다는 주장입니다.

a. 천주교의 주장

① 모든 악에의 충동은 원죄의 결과인데, 마리아는 원죄 없이 태어났으므로, 이 충동(죄를 지을 가능성을 의미)에서 벗어나

있기 때문에 평생에 죄를 짓지 않았다고 주장하고,[20]

② 마리아는 유일무이한 방법으로 그리스도의 구속 은총에 참여하였기 때문에 개인의 죄와 사악한 성향이 전혀 없는 일생을 보내었다. 그리하여 그녀는 구속의 첫 열매가 되었다고 합니다.[21]

b. 비판

① "마리아는 원죄가 없다"는 주장은 천주교가 만들어낸 거짓말입니다.

② 아무런 성경의 근거도 없이 교황이 만들어낸 교리입니다.

③ 성경은 "죄 없다 하는 자는 스스로 속이고, 하나님을 거짓말하는 자로 만드는 것이라고 말하고(요일1:9-10), 세상에 범죄치 않는 사람은 없다(잠20:9, 왕상 8:46)"고 말하고 있습니다.

④ 선을 행하고 죄를 범치 아니하는 의인은 세상에 아주 없느니라(전7:20).

---

20) 볼프강 바이너르트, op. cit., pp. 123-126.

21) R. 로울러, D. 우얼, T. 로울러, op. cit., pp. 253-254.

5. 마리아 부활 승천설

a. 천주교의 주장

① "마리아는 지상생애를 마친 후, 영혼과 육신이 함께 하늘로 들어 올림을 받았다."는 주장으로,[22]

② 죄 없이 태어나 죄 없이 살았기 때문에, 죄의 결과인 죽음의 지배를 받을 필요가 없어졌으며, 예수님을 낳아주신 분이 육체를 갖고 하늘에 오르시어 부활한 영광의 몸을 가지고 예수님을 흠숭하고 있다는 것은 당연한 이치라는 주장입니다.[23]

③ 즉 그들은 마리아가 부활 승천하여 지금 하늘의 여왕으로 존재하고 있다는 엄청난 주장을 하고 있는 것입니다.

b. 비판

① 이 교리는 「동정녀의 승천」이라는 책에서 생겨난 것으로, 당시에 교회는 이것을 사탄의 기만이요, 간책으로 선언하였습니다.[24]

② 그런데 천주교가 이것을 점차 받아들여 1950년 12월 1일

---

22) 볼프강 바이너르트, op. cit., p. 126.

23) R. 로울러, D. 우얼, T. 로울러, op. cit., p. 263.

24) 알렉산더 스튜어트, 「로마교 교리와 성경교리」, 김진도 역(부산: 성문사, 1961), pp. 99-100.

교황 피어스 12세에 의해 정식으로 선언하였습니다.[25]

③ 이 교리 역시 성경의 근거가 없는 것이고, 오직 교황이 결정한 것입니다.

B. 마리아를 신으로 숭배하는 교리들

우리는 앞에서 천주교가 마리아를 하나의 신으로 만들기 위해서 ① 종신 처녀설, ② 하나님의 어머니, ③ 무죄잉태설, ④ 지속적 무죄설, ⑤ 부활 승천설 등의 교리를 성경과는 상관없이 조작해 낸 것을 살펴보았습니다. 그럼 이제부터는 실제로 천주교가 마리아를 신으로써 숭배하는 교리들을 살펴보겠습니다.

이것은 대략 다음의 세 가지로 요약할 수 있습니다. ① 마리아는 은총의 중재자이다. ② 마리아는 기도의 중보자이다. ③ 마리아는 구원의 어머니이다.

---

25) 기독교대백과사전 편찬위원회 편, 「기독교대백과사전」, 제5권, pp. 734-735.

1. 마리아는 정말 은총의 중재자인가?

a. 천주교의 주장

① 천주교는 주장하기를 모든 은총은 마리아를 통해서 온다.[26] 마리아에게 순종함으로써 은혜를 받는다[27]고 합니다.

② 따라서 그들은 그렇게 주장하는 이유로 ㉠ 하나님은 마리아를 통해 은총을 나눠주시기를 원하시며,[28] ㉡ 또한 그리스도께서 자신의 모든 공로와 거룩한 덕을 모두 다 마리아에게 바쳤으며, 하나님께 받은 모든 유산을 마리아가 관리하고 분배토록 하셨고, 마리아를 통해서 은총을 사람들에게 분배하시고 있다고 주장합니다.[29]

b. 비판

그러나 우리는 성경 어디에서도 마리아가 은총의 중재자이며, 우리가 마리아를 통해서 은총을 받는다고 말하고 있지 않음을 알고 있습니다. 이 교리는 단지 1917년 5월에 교황 베네딕트

---

26) 가톨릭출판사 편집부 편, op. cit., p. 291.

27) Ibid., p. 290.

28) Ibid., p. 292.

29) 원세호, 「천주교회란?」 (서울: 국종출판사, 1984), p. 22.

15세에 의해 선포된 것이며, 마리아는 신이 아닌 고로 전혀 그런 일이 불가능합니다. 마리아는 다만 우리와 똑같은 인간일 뿐입니다.

성경은 오직 은혜와 평강이 하나님과 그리스도를 통해서 오고(고전 1:31, 고후 1:2, 갈 1:3, 엡 1:2, 빌 1:2, 골 1:2, 살후 1:2 등) 성령께서 각 사람에게 알맞은 은사를 나누어 주신다고 하였습니다(고전 12:11).

2. 마리아는 기도의 중보자인가?

a. 천주교의 주장

천주교는 주장하기를 ① 하나님의 모든 은총이 마리아를 통해서 오고,[30] ② 마리아는 예수의 어머니이기 때문에 우리 기도가 마리아를 통해서 전달될 때 가장 효과적이라고 주장하면서,[31] 그 성경적 근거로서 〈요 2:1-11〉에 나오는 가나의 혼인잔치의 예를 들고 있습니다. 즉 포도주가 떨어졌을 때, 예수께서는 마리아의 부탁에 못 이겨 기적을 행하셨다는 것입니다. 그렇기 때문에 마리아에게 우리를 위해 대신 빌어 달라(기도해 달라)고 기도해야

---

30) 가톨릭출판사 편집부 편, op. cit., p. 291.

31) R. 로울러, D. 우얼, T. 로울러, op. cit., pp. 259-260.

한다는 것입니다.[32]

b. 비판

그러나 성경은 마리아에게 기도하라거나, 마리아를 통해서 기도 할 때 더 효과가 있다는 등의 엉터리 이야기가 없을뿐더러, 오히려 예수의 이름으로 예수께 구하라고 하였습니다(요 14:13-14). 마리아에게 기도하는 것은 마리아를 신격화하는 우상숭배가 되는 것이며, 실제로 그들은 마리아가 그리스도 못지 않은 이적을 행하였고, 병자를 고치고, 소경의 눈을 뜨게 하였고, 죽은 자를 살렸고, 기도를 응답하며, 죄를 용서해 주고, 자기를 의지하는 자를 지옥에서 건져내고, 연옥에 있는 자의 고통을 가볍게 덜어 준다고 신격화시켰던 것입니다(리오구리 : 저 마리아의 영광, pp. 194ff).[33]

헛셀포드 목사님은 그의 예화 설교에서 이런 이야기를 하였습니다. 천주교인인 친구에게 "천주교인들이 마리아에게 기도하는 이유를 모르겠다"고 말하자, 그 친구가 대답하기를 사람들이 대통령에게 부탁할 일이 있을 경우, 사람들은 대통령을 직접

---

32) 박도식, 「천주교와 개신교」, pp. 14-15.
33) 알렉산더 스튜아트, op. cit., pp. 97-98.

만날 기회가 없는 고로 국무총리나, 장관이나, 비서관이나, 기타 대통령과 연락이 될 수 있는 사람을 통하여야 하는 것처럼, 우리도 예수께 직접 부탁할 수 없으므로, 예수님의 어머니인 마리아에게 부탁해야 한다고 하였습니다. 그러자 헛셀 포드 목사님이 묻기를 그럼 대통령의 아들도, 국무총리나 다른 높은 사람들을 통하여서 대통령에게 말해야 하느냐고 묻자, 그 친구는 "자기 아버지가 대통령이므로 그 아들은 직접 자기 아버지에게 말할 수 있다"고 대답하였습니다.

그러자 헛셀 포드 목사님은 "하나님은 나의 아버지이시고, 나는 하나님의 아들이므로, 나와 아버지 사이에 마리아 같은 존재는 필요치 않다."고 대답해 주었다고 합니다.

3. 마리아는 구원의 어머니인가?

구원의 어머니라는 뜻은 마리아가 우리를 구원해주고, 또 우리의 영적 어머니이므로 구원의 어머니라는 것입니다.

a. 천주교의 주장

그들은 주장하기를 예수께서 마리아를 통하여 탄생하셨기 때문에 마리아는 예수의 구속 사업에 동참한 것이며, 또 마리아는 우리에게 구원의 은혜를 전달해 주고 있으므로, 실제로 마리아를 믿지 않으면 구원받기 어렵다고 주장하고,[34] 〈창 3:15〉의 예언은 바로 마리아에 대한 예언으로써, 뱀의 머리를 상하게 하는 이는 바로 마리아라고 선언하고, 그녀는 그리스도보다 더 자비로우므로 죄인들이 그녀의 무한한 자비에 의해 구원받을 수가 있다고 주장합니다(저 마리아의 영광, pp. 569-577).[35]

더 나아가서 그들은 마리아가 예수의 어머니이고, 예수의 구속 사업에 특별히 참여하였고, 우리에게 생명을 나눠주는 역할을 하고 있기 때문에 우리의 영적인 어머니 곧 구원의 어머니라고 하며,[36] 마리아는 바로 우리에게 영생을 낳아준 어머니라고 주장하면서,[37] 그 근거로서 〈요 19:26-27〉을 인용하여 말하기를 예수께서 요한을 마리아에게 부탁하셨으므로, 이것은 곧 마리아가 우리 전 인류의 어머니라는 증거라고 하고 있고,[38] 그런 의미에서 마리아는 "새 아담(예수님)"과 협조하신 "새 하와"라고

---

34) R. 로울러, D. 우얼, T. 로울러, op. cit., pp. 255-260.

35) 알렉산더 스튜아트, op. cit., p. 98.

36) R. 로울러, D. 우얼, T. 로울러, op. cit., pp. 252-256.

37) 가톨릭출판사 편집부 편, op. cit., p. 289.

38) Loc. cit.

하고 있습니다.[39]

b. 비판

그러나 만약 마리아가 그리스도를 낳아서 그리스도의 구속 사업에 동참했기 때문에 구원의 어머니가 되어야 한다면, 예수의 십자가 구속사역에 없어서는 안 되었던 가룟 유다, 빌라도, 로마 병정들은 다 구원의 아버지라고 해야 할 것입니다(그들은 마리아보다도 십자가 구속에 더 깊이 관련되어 있습니다).

마리아는 단지 하나의 도구로 사용된 것뿐이므로, 그녀를 신격화해서는 안 되는 것입니다. 또 예수께서 십자가 상에서 요한을 마리아에게 부탁하셨다는 주장은 언어도단입니다. 〈요 19:26-27〉의 내용은, 예수께서 자기 육신의 모친을 봉양할 수 없으므로, 요한에게 자기 대신 마리아를 보살펴 달라고 부탁하셨던 것입니다. 여기 어디에 마리아가 "교회의 어머니"요, "구원의 어머니"라고, "전 인류의 어머니"이며 동시에 "새 하와"라는 증거를 찾아볼 수 있습니까?

C. 마리아 숭배는 우상숭배이다.

---

39) R. 로울러, D. 우얼, T. 로울러, op. cit., p. 125.

천주교인들은 흔히 말하기를, "우리는 마리아를 숭배하지 않는다. 다만 예수님의 어머니이기 때문에 공경할 뿐이다."라고 합니다. 그러면서 그들은 말하기를 "하나님과 마리아와 성인들을 존경하되 그 내용이 전혀 달라서 하나님은 흠숭(Latria)하고, 마리아는 상경(Hyper-dulia)하고, 그리고 성인(성자)들은 공경(dulia)한다"고 합니다. 마치 사람을 사랑할 때, 부모님께 대한 것과 삼촌에 대한 것과 이웃집 할아버지에 대한 것이 각기 다른 것과 마찬가지라는 것입니다.[40] 그러나 이와 같은 주장은 하나의 허울 좋은 가식일 뿐이고 앞서 살펴본 바와 같이 실제로는 마리아를 신으로써 숭배하고 있는 것입니다.

하나님의 모든 은총을 나눠주고, 우리의 기도를 응답하고 또 우리를 대신해서 하나님께 기도해주고, 우리에게 영생을 주어 구원을 베풀고, 죄를 용서해주고, 지옥에서 건져주고, 연옥의 고통을 가볍게 감해주는 마리아, 죄 없이 잉태되어 죄 없이 살다가 부활 승천하여 하늘에 올라가 하늘의 여왕으로 있는 하나님의 어머니인 마리아를 어떻게 평범한 인간이라고 생각할 수 있겠습니다. 더구나 가끔씩 여기저기에 나타나기도 했다고 하

---

40) 박도식, 「무엇하는 사람들인가?(합본)」, 20판(서울: 가톨릭출판사, 1983), pp. 464-465.

는데, 천주교가 주장하는 대로라면, 마리아는 하나의 여신(女神)임에 틀림없습니다. 단지 예수님의 어머니이기 때문에 존경한다는 그들의 주장은 새빨간 거짓말이고, 실상 그들은 마리아라고 하는 여신(女神)을 믿고 있는 것입니다. 그들의 다음과 같은 주장을 한번 보십시오.

이렇듯 우리를 위하시는 어머님(마리아)께 완전한 봉헌을 올리기 위해서 ① 우리의 몸을 바쳐야 되고, ② 우리의 영혼을 그 외의 모든 능력, 즉 지혜, 자유 의지 등을 바쳐야 되며, ③ 세속의 모든 사물을 바치고, ④ 우리의 내적 및 영적인 재물 즉 과거, 현재, 미래에 있어서의 모든 공로, 덕행, 선행 등을 바쳐야 한다. 다시 말하면, 우리의 모든 것을 마리아에게 바쳐 자신을 완전히 없이하여야 한다.[41]

이것이 과연 인간으로서의 예절인 공경입니까? 아니면 신앙의 대상으로서의 신에 대한 숭배입니까? 이것은 분명 신에 대한 신앙적 숭배인 것입니다.

---

41) 가톨릭출판사 편집부 편, op. cit., p. 296.

D. 마리아 숭배의 유래

'랄프 우드로우'는 그가 지은 「로마 카톨릭주의의 정체 (Babylon Mystery Religion)」 라는 책에서, "바벨탑을 쌓은 니므롯이 죽은 후 그의 부인 세미라미스(Semiramis)가 '니므롯이 태양신(혹 바알)이 되어서, 그의 아들(담무스, Tammuz)로 재생되었다.'고 주장하여 자신과 아들을 신격화 시켰고, 이것이 세계로 뻗어나가서 여러 나라에서 어머니와 아들 신을 숭배하게 되었는데, 3-4세기 이후 많은 이교도들이 기독교로 들어왔을 때, 어머니 여신 숭배에 대한 집착이 강하였기 때문에, 결국 로마 천주교의 지도자들이 이교도들에게 타협하여 이교도의 어머니 신과 아들 신을, 마리아와 예수로 대체한 것"이라고 주장하였습니다.

그리고 여러 가지 증거를 제시하였는데, 그 중에는 마리아의 이름에 관한 것도 포함되어 있습니다. 즉, 마리아를 마돈나(The Madonna)라고도 하는데, 이 이름은 바벨론 여신에게 붙여진 칭호 중 하나를 번역한 것으로서, 곧 니므롯을 "바알(Baal, 나의 주인)"로, 여신인 그의 아내를 "바알티(Baalti)"라 하였는데, 이 말은 영어로는 "나의 부인(My Lady)"를 뜻하고, 라틴어로는 "메아 도미나(Mea Domina)," 이탈리아어로는 "마돈나"라고 한다는 것입니다. 또 마리아가 "은총과 기도의 중보자"라는 천주교의 사상은 여신 밀리타(女神, Mylitta) 숭배에서 온 것으로, 그 뜻은 "여성 중보자 또는 중보자"라는 뜻을 가진 여신이었다고 합니다.

마리아를 "하늘의 여왕"이라 하는데, 성경 〈렘 7:18-20〉에 보면, 이스라엘이 이방 여신 하늘 황후에게 제사한 사실이 있고, 또 마리아를 "하나님의 어머니"라 하는데, 이집트의 여신 "이시스(Isis)"의 이름 중 하나가 바로 "하나님의 어머니"라고 합니다. 이 밖에도 그는 여러 가지 증거를 들어서, 천주교의 마리아 숭배는 이교도들의 여신 숭배를 그대로 받아들인 것이라고 하였습니다.[42]

그리고 천주교가 마리아의 부활 승천일로 지키는 8월 15일은 다름 아닌 바로 이교도의 여신인 "이시스(Isis)"와 "다이아나(Diana)"의 축일이었음도 지적하였습니다.[43]

우리는 이와 같은 천주교의 마리아 여신숭배를 단호하게 배격해야 할 것입니다.

---

42) 랄프 우드로우, 「로마 카톨릭주의의 정체」, 안금영 역(서울: 도서출판 태화, 1984), pp. 15-37.

43) Ibid., p. 269.

제3절 성인(성녀) 숭배

지난 1984년 5월에 교황 "요한 바오로 2세"가 103위의 성인 시성식을 위해 우리나라에 왔었습니다. 즉 103명의 성인을 만드는 의식을 집행하러 왔던 것입니다. 흔히 "성인"이란 믿음과 덕이 있는 본받을 만한 사람들로 생각하겠지만, 사실을 알고 보면 천주교의 성인(혹은 성녀)이란 다름 아닌 바로 그리스와 로마 신화에 나오는 신들과 같은 존재입니다. 교황은 바로 103명의 신(神)들을 만들러 왔던 것입니다.

A. 성인 숭배에 대한 천주교의 주장

1. 성인의 뜻

천주교에서 주장하는 바를 보면, 성인이란 "하늘에서 하나님을 아무 중간 매개물이 없이 직접 보고서 복락을 누리고 있는 모든 천사와 사람들을 가리키며, 특별한 의미에서는 교회의 가르침을 따라서 하나님께 대한 영웅적인 덕행을 실천한 사람"을 의미하는데, 성인(성녀)과 복자(복녀)와의 차이는 다음과 같습니다.

① **복자(복녀)** : 그 사람을 공식적으로 공경할 수 있으나, 어떤

지방이나 단체에만 제한된 공경이다.

　②**성인(성녀)** : 그 사람을 공식적으로 공경할 수 있으며, 전세계 어디서나 누구든지 공경할 수 있다(여기서의 공경이란 단순한 존경이 아니라, 신으로 숭배하는 것을 의미함).[44]

2. 성인(성녀) 칭호를 누가 주는가?

성인 칭호는 교황이 줍니다. 천주교인 중 덕이 높은 사람 가운데서 그가 죽은 후에 그와 관련하여 기적을 나타내는데, 그를 통해서 기적이나 은혜를 받은 사람이 많으면, 주교가 그것을 조사하여 교황청에 보고하고, 교황청에서는 그것을 자세히 조사한 후, 교황은 그를 복자로 선언하고, 복자로 선언된 후에 그를 통해 기적이 두 가지 이상 있을 경우에 그를 성인이라고 교황이 선언하는데, 그 의식을 시성식이라고 합니다(남자는 성인, 여자는 성녀라고 함).[45] (한국 103인 성인들은 교황청의 조사를 면제받아서 시성식을 했음)

3. 성인(성녀) 숭배의 의미

---

44) 가톨릭출판사 편집부 편, op. cit., pp. 129-130.

45) Loc. cit.

성인은 죽은 후에도 교회에 영향을 미치고 있는데, 모든 천주교인들을 위해 기도하고 있고, 또 도와줄 수가 있다는 것입니다.[46]

성인에게 호소하는 형식에는 두 가지가 있는데, "성인이여 우리를 위해 빌으소서"라는 것과, "성인의 공덕을 의지하여 하나님께 비는 것"입니다.[47]

즉 천주교의 성인 숭배란, 신앙과 덕이 뛰어난 사람은 죽은 후에 하나님과 직접 교통하므로, 우리를 위하여 하나님께 구할 수도 있고, 또 우리를 도와주거나 우리를 위해 기적을 행하기도 하므로, 우리는 그에게 우리를 위해 기도해 달라고 빌 수도 있고, 또 그의 공덕을 의지하여 하나님께 빌 수도 있고, 또는 그에게 도와달라고 청할 수도 있다는 것입니다. 그런데 이 성인은 교황이 임명한다는 것입니다.

4. 성인숭배의 근거

그들은 성인 숭배를 사도신경의 "거룩한 공회와 성도가 서로 교통하며"라는 구절에서 찾고, 이것은 곧 성도들이 서로 신앙적

---

46) Ibid., pp. 132-133.
47) 이종기 편, 「교회사」, p. 222.

공덕을 서로 나눠줄 수 있다는 것으로 해석하여, 우리보다 공덕이 많은 성인들의 공덕을 나눠가질 수 있는 것으로 보고 있는 것이며, 저들은 성경에서 '살아있는 성도들이 서로를 위해 기도하는 것에 대하여 기록된 것'을 '죽은 성도와 살아있는 성도가 서로를 위해 기도하며, 공로를 나눠가질 수 있는 것'으로 해석하고 있습니다.[48]

이와 같은 주장은 성경의 사상이 아니라, 천주교가 만든 공덕 축적설에 의한 것입니다. 어떻게 죽은 사람들이 우리를 위해 기도하고, 우리를 도와주며 기적을 행하겠습니까? 죽은 사람들에게 비는 것은 결국 무당들이 관운장, 이순신 장군 등의 귀신에게 비는 것이나 다름없는 것입니다.

B. 비판 : 성인 숭배는 이교도에게서 유래한 것이다.

니므롯에서 비롯된 바벨론 종교는 5000명의 남신들과 여신들을 섬기는 것으로 발전되어갔고 이들 이교도들에게는 희랍신화와 로마신화에서 보는 바와 같이, 매달 그리고 매일에 어느 특정된 신의 보호 아래 있었고, 어떤 특정한 문제를 위한 신이 있

---

48) 존 오브라이언, op. cit., pp. 486-490.

으며, 각기 다른 직업을 위한 신이 있고, 이것저것을 위한 신들이 있었습니다. 이러한 신들의 종류를 몇 가지 살펴보면 아래와 같습니다.[49]

브라히트(Brighit) : 대장장이와 시인의 여신

유노 레기나(Juno Regina) : 여성과 결혼의 신

미네르바(Minerva) : 지혜, 장인 및 음악가의 여신

비너스(Venus) : 성적 사랑과 출생의 여신

베스타(Vesta) : 빵굽는 사람과 신성한 불의 여신

오프스(Ops) : 부의 여신

케레스(Ceres) : 옥수수와 밀과 채소의 여신

바쿠스(Bacchus) : 환희와 포도주의 신

머큐리(Mercury) : 웅변가의 신

카스터와 폴룩스(Caster & Pollux) :

　　　　로마의 수호신, 바다 여행자의 수호신

크로누스(Cronus) : 서원의 수호신

야누스(Janus) : 집과 성문의 신

49) 랄프 우드로우, op. cit., pp. 59-60.

넵튠(Neptune) : 바다의 신(포세이돈에 해당)

큐피드(Cupid) : 사랑의 신

쥬피터(Jupiter) : 모든 신들의 왕, 하늘의 지배자(Zeus)

쥬노(Juno) : 쥬피터의 아내(그리스 신화의 Hera에 해당함)

위와 같이 로마세계에서 일상생활과 관련된 남신과 여신들은 결국 로마 천주교에 침투되었는데, 즉 천주교로 개종한 이교도들이, 자기들의 신들을 버리지 못하므로, 그 신들을 새로이 "성인들"이라고 부르게 된 것입니다. 특정한 직업과 날들에 관련된 고대 신들에 관한 사상이 그대로 천주교 안에서 다음과 같이 "성인"이란 이름으로 계속되어졌습니다.[50]

배우	성 게네시우스(St. Genesius)	8월 25일
건축가	성 토마스(St. Thomas)	12월 21일
천문가	성 코스미닉(St. Cosminic)	8월 4일
운동선수	성 세바스테인(St. Sebastain)	1월 20일
빵굽는 사람	성 엘리자베스(St. Elizabeth)	11월 19일
은행가	성 마태(St. Matthew)	9월 21일
거지	성 알렉시우스(St. Alexius)	7월 17일

---

50) Ibid., pp. 60-62.

책장사	성 하나님의 요한(St. John of God)	3월 8일
벽돌공	성 스티븐(St. Steven)	12월 26일
건축자	성 빈센트 페러(St. Vincent Ferrer)	4월 5일
도살업자	성 하르디안(St. Hardian)	9월 28일
마차 운전수	성 피아르스(St. Fiarce)	8월 30일
양초 제조업자	성 베르나르드(St. Bernard)	8월 20일
희극배우	성 비투스(St. Vitus)	6월 15일
요리사	성 마르타(St. Martha)	7월 29일
치과의사	성 아폴로니아(St. Appollonia)	2월 9일
의사	성 누가(St. Luke)	10월 18일
편집자	성 요한 보스코(St. John Bosco)	1월 31일
어부	성 안드레(St. Andrew)	11월 30일
꽃장수	성 도로시(St. Dorothy)	2월 6일
제조업자	성 야고보(St. James)	5월 11일
주부	성 안네(St. Anne)	7월 26일
사냥꾼	성 후베르트(St. Hubert)	11월 3일
노동자	성 대 야고보(St. James the Greater)	7월 25일
변호사	성 이베스(St. Ives)	5월 19일
사서	성 제롬(St. Jerome)	9월 30일
상인	성 아시시의 프란시스(St. Francis of Assisi)	10월 4일
광부	성 바르바라(St. Barbara)	12월 4일
음악가	성 세실리아(St. Cecilia)	11월 22일
공중인	성 전도자 마가(St. Mark the Evangelist)	4월 25일

간호원	성 케드린(St. Cathrine)	4월 30일
화가	성 누가(St. Luke)	10월 18일
약사	성 겜마 가랑니(St. Gemma Galani)	4월 11일
미장이	성 바돌로매(St. Bartholomew)	8월 24일
인쇄공	성 하나님의 요한(St. John of God)	3월 8일
선원	성 브렌단(St. Brendan)	5월 11일
과학자	성 알베르트(St. Albert)	11월 15일
가수	성 그레고리(St. Gregory)	3월 12일
강철공	성 엘리구이스(St. Eliguis)	12월 1일
학생	성 토마스 아퀴나스(St. Thomas Aquinas)	3월 7일
외과의사	성 코스마스와 다미안(St. Cosmas & Damian)	9월 27일
양복 직공	성 크레디션의 보니페이스(St. Boniface of Credtion)	6월 5일
세무원	성 마태(St. Matthew)	9월 21일

로마 카톨릭 교회에는 또한 다음과 같은 것을 위한 성인들이 있습니다.

불임 여인	성 안토니(St. Anthony)
늙은 하녀	성 안드레(St. Andrew)
맥주마시는 사람	성 니콜라스(St. Nicholas)
가난 뱅이	성 로렌스(St. Lawrence)
어린이	성 도미닉(St. Dominic)

임신한 여인	성 제라드(St. Grerard)
가축	성 안토니(St. Anthony)
이주민	성 프란시스(St. Francis)
텔레비젼	성 클레어(St. Clare)
유혹	성 시리아쿠스(St. Syriacus)
가정문제	성 유스레치우스(St. Eustachius)
도둑체포	성 저베이스(St. Gervase)
불	성 로렌스(St. Lawrence)
자녀를 갖게함	성 펠리시타스(St. Felicitas)
홍수	성 콜룸반(St. Columban)
남편을 얻게함	성 요셉(St. Joseph)
뿌리	성 바르바라(St. Barbara)
부인을 얻게함	성 안네(St. Anne)
연인	성 라파엘(St. Raphael)
잃은 물건을 찾게함	성 안토니(St. Anthony)

그리고 로마 카톨릭 교회 신도들은 아래와 같은 질병들에 도움 받기 위해 "성인들"에게 기도하자고 가르침을 받고 있습니다.[51]

관절염	성 야고보(St. James)

---

51) Ibid., pp. 62-64.

간질, 신경염	성 비투스(St. Vitus)
개에 물림	성 후베르트(St. Hubert)
열병	성 조오지(St. George)
뱀에 물림	성 힐라리(St. Hilary)
발병	성 빅토르(St. Victor)
실명	성 라파엘(St. Raphael)
담석	성 리베리우스(St. Liberius)
암	성 페레그린(St. Peregrine)
응혈	성 안드레(St. Andrew)
경련	성 무리스(St. Murice)
두통	성 데니스(St. Denis)
귀먹음	성 카독(St. Cadox)
심장통	성 하나님의 요한(St. John of God)
유방 질환	성 아가타(St. Agatha)
정신 이상	성 딤프너(St. Dympner)
눈병	성 루시(St. Lucy)
피부병	성 로치(St. Roch)
목구멍병	성 블레즈(St. Blase)
불임	성 길레스(St. Giles)

이교도와 천주교가 혼합되었을 때, 때때로 대체되는 이교도 남신과 여신의 이름과 비슷하게 소리가 나는 이름을 성인에게 주

었습니다.

바제르 알페즈의 여신 빅토리아(Victoria) →

성 빅토리아(St. Victoria)

체론(Cheron) → 성 세라노(St. Ceranos)

아르테미스(Artemis) → 성 아르테미도스(St. Artemidos)

디오니수스(Dionysus) → 성 디오니수스(St. Dionysus)

브라히트(Brighit) → 성 브리겟트(St. Bridget)

이교도 시대의 킬다레(Kildare)에 있는 이 여신의 주된 신전에는 신성한 불을 지키는 베스타의 처녀들(Vestal Virgins, 불의 여신 베스타에게 한 평생의 정절을 맹세하고 몸을 바친 처녀들)이 섬겼습니다. 후에 이 여신의 신전이 수도원과 신에게 바친 처녀, 곧 수녀들로 둔갑되었습니다. 그래서 이들은 타오르는 의식의 불을 계속 지켰고, 이제는 그것이 "성 브리겟트의 불"로 일컬어졌습니다.

로마에 남아있는 고대 사원 중 가장 잘 보존된 것은 고대에 "쥬피터(Jupiter, Jove)와 만신(萬神)들"에게 바쳐진 만신전(Phantheon)입니다. 이것은 교황 보니파시오 4세가 "성모 마리아와 모든 성인들"에게 재헌당한 것입니다. 이런 일은 보통 있

는 일이었습니다.[52]

로마제국 내에서 그들은 이런 신들과 그 신들의 상(像)들을 섬겼는데, 어떤 경우에는 이교도의 신으로 경배되던 상(像)들이 성인들로 다시 이름이 붙여졌으며, 여러 세기에 걸쳐서 더 많은 신상(神像, 우상)이 만들어져 오늘날 유럽의 천주교는 2000-4000개의 성상(성인들의 우상)들을 갖게 된 것입니다. 곳곳에 심지어 자동차의 운전석 앞 계기판 위에까지 천주교의 우상이 넘치는 것을 볼 수 있습니다.[53]

결국 우리는 천주교의 성인 숭배란, 다름 아닌 그리스와 로마 세계에 만연되었던 이교도들의 신들이 "성인"이란 이름으로 둔갑되어 숭배되고 있는 것임을 알았습니다.

---

52) Ibid., pp. 62-64.

53) Ibid., pp. 67-68.

제4절 결론

지금까지 살펴본 것을 정리해 본다면, 천주교는 "네 앞에 다른 신을 두지 말라(출 20:3)"는 십계명 제1계명을 어기고, 하나님 외에 마리아라는 여신(女神)과 성인(성녀)이라고 불리는 수많은 신(神)들을 섬기고 있다는 사실입니다.

그들은 주장하기를 하나님에 대한 공경과 마리아에 대한 공경과 성인들에 대한 공경이 각기 다르다고 주장하고 있으나, 마리아에게 주어진 칭호와 그녀를 숭배하는 모든 교리를 볼 때, 단순한 인간에 대한 존경이 아니라 일종의 신에게 향한 신앙심이었음을 알았고, 성인 숭배 역시 신들을 숭배하는 바와 전혀 다를 바가 없었음을 간파하였습니다.

이교도들이 신들의 왕인 쥬피터(Jupiter)와 그 아내인 여신 주노(Juno)와 그 외 다른 신들을 섬기는데 약간의 차등을 두고 있는 것이나, 천주교인들이 하나님과 하나님의 어머니(혹은 하나님의 배우자, 부인)인 마리아와 성인들을 약간의 차등을 두어 섬기는 것이나 무엇이 다른지 그 차이점을 발견할 수 없을 것이며, 차이점이 있다면 이교도의 신들과 그 이름이 다르다는 사실뿐일 것이라고 생각됩니다.

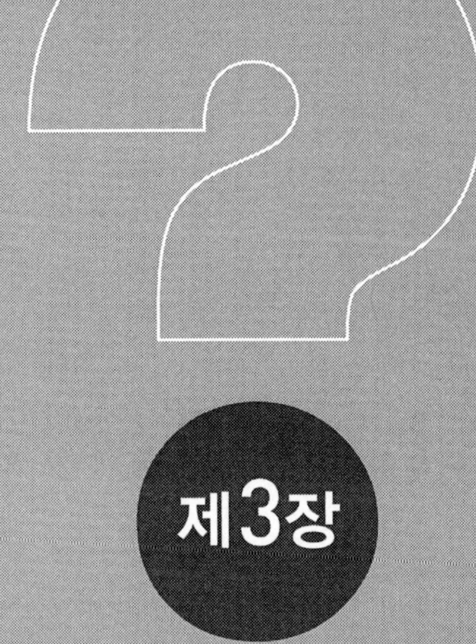

둘째 이유 | 성경을 부인하기 때문이다

내가 이 책의 예언의 말씀을 듣는 각인에게 증거하노니
만일 누구든지 이것들 외에 더하면 하나님이 이 책에 기록된 재앙들을
그에게 더하실 터이요 만일 누구든지 이 책의 예언의 말씀에서
제하여 버리면 하나님이 이 책에 기록된 생명나무와 및
거룩한 성에 참예함을 제하여 버리시리라
— 요한계시록 22:18-19

천주교는 기독교와 같은 성경을 믿고 있는데, 지금 무슨 소리를 하고 있느냐고 반문할 사람이 많을 것입니다. 그러나 천주교는 우리가 생각하는 것처럼 성경의 권위를 인정하지도 않고, 성경 66권 외에도 "가경"과 "유전(전승, 성전)"을 믿으며, 성경의 절대 필요성을 부인하고 있습니다.

제1절 그들은 성경의 권위를 부인하고 있다.

모든 기독교인들은 성경은 하나님의 영감된 말씀이요, 오류와 누락이 없는 완전하신 하나님의 말씀으로 믿으며, 이 성경은 모든 신앙과 생활의 유일한 규범이라고 믿고 있습니다.

그러나 천주교는 주장하기를 "성경이 하나님 말씀이라는 것"은 단지 천주교가 "성경은 하나님의 말씀이다."라고 정했기 때문이라고 합니다. 그들은 주장하기를 "천주교회는 시간적으로 논리적으로 성경보다 앞서고 있으며, 천주교가 없이는 성경이 존재하지 않지만, 성경이 없이도 천주교는 여전히 존재한다."고 주장합니다.[1]

문제의 핵심은 "성경이 본래적으로 하나님의 영감된 말씀이냐" 아니면, 천주교가 "성경은 하나님의 말씀이라고 결정했기 때문에 하나님의 말씀이냐"하는 것입니다. 여기에 대하여 기독교는 "성경은 본래가 하나님의 말씀이라"고 하고, 천주교는 "천주교가 성경을 하나님 말씀으로 결정했기 때문에 하나님 말씀이라"고 주장합니다. 그래서 그들은 천주교의 결정이 아니었다

---

1) 루이스 뻘콥, 「조직신학(서론)」, 고영민 역(서울: 기독교문사, 1980), p. 285.

면, 오늘날 신약성경은 없을 뻔했다고 주장합니다. [2]

그러면 그와 같은 천주교의 권위를 무엇이 증명하느냐고 물으면, 그들은 대답하기를 성경이 증거한다고 합니다. 이것은 명백한 순환논법으로서, 천주교회의 권위의 근거를 성경에서 구하고 성경의 권위는 천주교가 인정하므로, 결국은 두 개의 권위는 서로 상대방의 권위에 의존하게 되는 것입니다. [3]

만약 천주교의 말이 맞는다면, 지금이라도 천주교가 "성경은 하나님 말씀이 아니다"라고 결정한다면, 성경은 하나님의 말씀이 아니라는 결론인데, 성경의 권위를 이처럼 무시하는 이단은 기독교 역사상 또 다시 있지 않았습니다. 그들은 결국 천주교만이 이 세상에서 최고의 권위를 가진다고 주장하는 것이며, 하나님의 말씀인 성경보다도 더 높은 권위를 천주교가 가지고 있다고 주장하고 있는 것입니다.

---

2) 쫀 오브라이언, 「억만인의 신앙」, 정진석 역(서울: 가톨릭출판사, 1983), pp. 179-182.

3) 알렉산더 스튜아트, 「로마교 교리와 성경교리」, 김진도 역(부산 : 성문사, 1961), p. 36.

제2절 그들은 다른 성경을 가지고 있다.

우리는 맨 처음 장에서 이단의 가장 두드러진 특색 중의 하나가 성경을 가감하는 것이라는 것을 살펴보았습니다. 천주교는 성경의 권위를 부인할 뿐 아니라, 신구약 66권 외에도 ① 가경(또는 외경)과 ② 구전(기록되지 않고 전해내려오는 말씀, "유전" 혹은 "전승", "성전"이라고도 함)을 성경과 똑같이 믿으며, 오히려 구전을 성경보다 앞세우고 있습니다. 그리하여 종교개혁 후에 열렸던 천주교의 트렌트 공의회(1546. 4. 8)에서, 지금까지 전승이 성경보다 우위에 있다고 주장되었던 것에서 성경과 전승을 동등한 위치에 두게 되었고, 구약의 가경(외경)이 정경으로 선언되었던 것입니다.[4]

A. 구약 가경에 대하여

기독교가 39권의 구약 성경을 가진 반면, 천주교는 46권의 구약성경을 가지고 있습니다. 그들은 7개의 가경을 성경에 포함시켜 가지고 있는데, 그것들은 「토비아서, 유딧서, 마카비 상

---

4) 성갑식, 「그리스도교대사전」, 6판(서울: 대한기독교서회, 1981), p. 1073.

하, 지혜서, 집회서, 바룩서」 입니다.[5]

1. 가경은 무엇인가?

"가경"이란 말은 "아포크뤼파(ἀπόκρυφα)"로서, "감추어져 있다."는 뜻이며, 이 말을 맨 처음 사용한 사람은 신학자 오리겐이었습니다. 당시에는 이 말이 "위경(가짜 성경)"과 동일시되었습니다. 가경이 천주교의 성경에 들어오게 된 경위를 보면, 흩어진 유대인들과 초기 기독교인들에게 소개된 성경이 히브리 정경보다는 헬라어로 번역된 "70인경(LXX)"이었는데, 이 "70인경"에 가경이 포함되어 있었고, 오늘날 천주교가 쓰고 있는 "벌게이트(Vulgate)"는 제롬이 "70인경"을 라틴어로 번역한 것입니다. 그러나 제롬조차도 가경을 정경에 포함시키지 말라 하였고, 특히 교리를 뒷받침하려고 가경을 사용하지 말라고 말하였습니다.[6]

가경을 정경에(정경이란 말은 헬라어 카논-καvών-에서 온 말로 '표준', '규범'의 뜻으로, 영감된 하나님의 말씀인 신구약 66권에 적용하는 말임) 포함시킨 것은 1546년에 "트렌트 공의회"

---

5) 가톨릭출판사 편집부 편, 「중요 교리 · 전례 · 용어 해설」 (서울 : 가톨릭출판사, 1979), p. 33.

6) J. N. D. 켈리, 「고대 기독교교리사」, 김광식 역(서울 : 한국기독교문학연구소 출판부), p. 67.

에서인데, 이때 전 세계 천주교에서 30명의 주교들이 성경문제를 논의하고자 참석하였고, 그 중 히브리어를 하는 사람은 하나도 없고, 헬라어를 아는 사람이 겨우 몇 명 있었을 뿐입니다.

따라서 그들은 성경을 잘 살펴볼 자격을 갖추지 못한 자들임에도 불구하고 가경을 정경에 포함시켰는데, 그들이 그렇게 한 이유는 죽은 자를 위한 기도와 천사들의 중보와 연옥설과 공덕축적설 등의 교리를 성경에서는 찾을 길이 없으나, 가경에서는 이런 그릇된 교리를 얼마든지 정당화 할 수 있기 때문이었습니다.[7]

2. 가경을 정경으로 인정하지 못하는 이유

만인이 아시다시피, 구약 39권은 유대인들이 믿던 하나님의 말씀입니다. 이 구약 39권의 정경은 바벨론 포로에서 돌아온 에스라 때에 결집된 것으로 믿어지고 있습니다. 그런데 유대인들이 정경으로 인정할 수 없어서 버린 것들을 약 2천년 후에 천주교가 그것을 구약 정경으로 첨가시킨 것은 누가 뭐래도 인정할 수 없는 것입니다. 이제 가경이 성경 속에 들지 못하는 이유들을 박윤선 목사님의 글에서 인용해보겠습니다.

---

7) 알렉산더 스튜아트, op. cit., p. 36.

① 이 책들은 과거 어느 때에서 히브리어 성경의 정경 중에 인정된 때가 없다.

② 신약의 저자들이 가경에서 인용한 일이 전혀 없다.

③ 탈무드(Talmud)의 증거보다 유력한 요세푸스(Josephus)라는 유대인의 역사가는 이 책들을 정경에 넣은 적이 없다.

④ 알렉산드리아의 유대인 철학자 필로(Philo)가 구약 정경에서는 인용하면서도 가경에서는 인용치도 않았고 그것에 대하여는 말한 적도 없다.

⑤ 주후 4세기까지의 신약교회가 하나님의 섭리에 의하여 결집한 정경 목록 중에 가경은 한 책도 들어있지 않다.

⑥ 제롬(Jerome)은 유대인의 정경 그대로를 강하게 주장하고 가경문서들을 배척하였다.

⑦ 가경 저자 중 어느 한 사람이라도 자기가 쓴 글이 신령한 감동으로 되었다고 한 자는 없다. 그들 중 어느 한 사람이라도 자기가 여호와께 받은 말씀을 전한다고 주장하지 않았다.

⑧ 가경은 역사적, 지리적, 연대적 과오들을 많이 가지고 있다.

⑨ 가경에는 정경 성경과 반대되는 그릇된 교리와 행위를 가르치는 것이 있다. 거기서는 거짓말이 허락되고, 자살과 암살 행위까지도 정당시 되었고, 공로를 세우므로 구원받는다는 것,

구제하므로 구원받는다는 것, 죽은 자들을 위하여 기도하는 것 등이 교훈되어있다.

⑩ 가경에 기록된 초자연적 실존들은 성경과 달라서 역사성이 없고, 우화적이요, 어리석은 요소들을 많이 포함하고 있다.

⑪ 가경에 기록된 영적 도덕적 수준은 구약성경의 것보다 훨씬 저급한 것이다. 우리가 구약성경을 읽다가 가경을 읽으면 다른 세계에 들어간 것 같은 느낌을 가지게 된다.

⑫ 가경의 모든 책들은 구약 성경이 결집된 지 훨씬 후에 기록되었다.[8]

B. 유전(구전, 전승)에 대하여

"유전"이란, 천주교에서는 "성전(Holy Tradition)"이라고 하는 것으로, 기록되지 않고 말로 전해 내려오는 예수님의 말씀을 의미합니다. 즉 예수님의 말씀이 성경에 기록되지 않은 것도 많은데, 이 기록되지 않은 예수님의 말씀이 천주교를 통해 대대로 전해오고 있으며 이것이 곧 유전(성전)이라는 것입니다.[9]

이 유전에는 두 가지가 있는데, 그 하나는 사도적 유전으로서

---

8) 박윤선, 「성경주석 예레미야서」, 10판(서울 : 영음사, 1979), pp. 599-600.

9) 박도식, 「천주교와 개신교-하나인 교회」, 7판(서울 : 가톨릭출판사, 1983), pp. 57-58.

사도들이 영감으로 받은 것이고, 또 하나는 교회적 유전으로서 천주교회 회의의 결정과 교황의 선언 등을 포함하고 있습니다.[10]

그러나 우리는 그 수많은 세월동안 구두로 전해오는 유전이 오염되지 않고 순수하게 전해올 수 있다고는 생각조차 할 수 없습니다. 그들은 유전이 절대무오한 천주교에 의해 전해졌으므로 전혀 오염이나 부패가 없다고 주장하나, 그것은 말도 안되는 이야기이며, 그 수많은 유전들이 어디에 다 파묻혀 있는지 그것을 다 아는 사람도 없고, 또 평신도들은 전혀 그것을 알 수 없다는 사실을 지적하지 않을 수 없습니다. 또한 웃기는 것은 성경과 유전이 서로 반대되는 문제가 제기될 때에, 그들은 언제나 성경보다 유전에 압도적인 권위를 부여한다는 사실입니다.[11]

여기서 지적해 둘 일은, 사도전승의 주장은 이단들이 자기들의 신앙적 정통성을 입증하기 위하여 주장하던 것들이었는데, 결국은 그것이 정통파라고 하는 천주교에 의해 탈취되어 사용되고 있다는 것입니다.[12] 전해 내려오는 이야기를 성경처럼 믿

---

10) 알렉산더 스튜아트, op. cit., p. 27.

11) Ibid., pp. 30-34.

12) 존 G. 게이저, 「초기 기독교 형성과정 연구」, 김쾌상 역(서울 : 대한기독교출판사, 1980), p. 134.

는다는 것은 그 종교가 어느 정도의 수준인지를 알게 해주는 말입니다.

제3절 그들은 성경의 필요성을 부인한다.

한마디로 저들은 성경이 없어져도 좋다고 말하고 있습니다. 앞에서 우리는 천주교에서 신구약성경 66권 외에 가경과 유전을 첨가하고 있으며, 천주교의 잘못된 교리들은 주로 그것들에게 의존하고 있음을 살펴보았습니다. 그런데 이에서 그치지 않고, 저들은 다음과 같이 엄청난 주장을 하고 있습니다.

"성경의 모든 책과 그 사본이 몽땅 다 없어진다고 할지라도, 교회(천주교)는 그리스도의 모든 진리를 그대로 지닐 것이며, 신약성경이 한 글자도 쓰여지기 전처럼 여전히 모든 이에게 계속 설교할 것이다. 무릇 이 모든 진리를 교회의 마음과 정신과 기억과 예전생활과 성사생활과 또 쓰여졌던 안 쓰여졌든 직접 그리스도께 돌아가는 성전(구전, 전승, 유전) 속에 깊이 새겨져 있는 까닭이다."[13]

　한마디로 말해서 성경이 없어도 된다는 말입니다. 천주교는 완전하기 때문에 성경이 없어도 건재할 것이며, 구전(유전)에 모든 진리가 다 들어 있으니 걱정할 것이 없다는 말입니다. 실제로 여러분은 천주교인들과 교리논쟁을 하게 되면, 그들은 성경에 뭐라고 기록되었는지는 별 관계가 없이 천주교에서 가르치는 것만이 옳다고 주장하는 것을 보게 될 것입니다. 그들에게는 성경은 그리 중요한 것이 아닙니다. 다만 천주교가 가르치는 것이 진리일 뿐입니다. 천주교는 성경의 필요성과 명료성과 완전성을 부인하고 있는 것입니다.

---

13) 존 오브라이언, op. cit., p. 83.

제4절 천주교의 성경구독 금지에 대하여

천주교는 1229년 톨로사 회의에서 평신도가 성경을 갖는 것을 금지했습니다.[14] 천주교회의 금서 목록에 성경이 들어 있었다는 것은 참으로 놀랄 일입니다. 그들은 평신도가 성경을 읽게 되면, 성경에 없는 교리들을 만들어 낸 것이 탄로날까봐 성경을 읽지 못하게 금하고, 성당에 보관중인 성경책은 쇠사슬로 묶어 놓아서 사람들이 돌려가며 보지 못하게 하였습니다(그들은 도둑을 방지하려는 것이라고 핑계를 댑니다.)[15]

그리고 미사 시간에는 신부가 라틴어로 성경을 읽고 강론하였습니다. 도대체 교인들이 그 말을 한마디나 알아들었겠습니까? 천주교인들은 성경을 모른채 의식에만 동참하여 왔던 것입니다. 성경을 모르기 때문에 성경에 없는 교리를 만들어 내고 가르쳐도 아무도 그것이 성경에 없는 것이라고 항의할 줄 몰랐던 것입니다.

그러다가 종교개혁이 일어나고, 성경이 일반 평민들이 쓰는

---

14) Phillip Shaff, <u>History of the Christian Church, Vol. V</u>(Mich. : Wm. B. Eerdmans Publishing. Co., 1977), p. 812.

15) 죤 오브라이언, op. cit., pp. 185-191.

말로 번역되어 나오자 천주교에는 비상이 걸렸고, 결국 성경을
만들거나 읽는 사람들을 파문하고 처형하기 시작하였던 바, 심
지어는 꼬챙이에 꿰어 구어서 죽이기까지 하였던 것입니다(마
치 바비큐를 하듯이).[16]

그리하여 1897년 1월25일 교황 레오 13세는 천주교 이외에
서 만든 성경을 금하고 특히 성서공회에서 발행된 것은 엄금
하였습니다.[17] 한국의 천주교회는 1784년 한국에 들어온 이래
1866년까지 82년 동안 성경의 어느 한 부분도 번역하지 않았고,
1910년에 비로서 사복음서를 번역하였는데 이는 천주교가 들어
온 지 126년만인 것입니다.

1922년에 사도행전을, 1941년에야 비로소 신약성경을 번역하
였습니다. 그리고 1977년에야 구약을 갖게 되었는데 그것도 기
독교 일부와 같이 번역한 "공동번역성경"이 바로 그것입니다.

천주교보다 100년이나 늦게 들어온 기독교가 이미 16년 만인
1900년에 신구약 성경을 다 가지고 있었다는 사실에 비추어볼
때, 200년 역사의 천주교가 193년 동안 온전한 신구약 성경이
없이 신앙생활을 할 수 있었다는 것은 무엇을 의미하겠습니까?

---

16) 죤 폭스, 「기독교 순교사화」, 매리킹 편집, 양은순 역(서울 : 생명의 말씀사, 1977), p. 83.
17) 알렉산더 스튜아트, op. cit., pp. 38-39.

얼마 전부터 성경을 읽도록 하고 있고, 또 권하기까지 하는 것은 잘하는 일이지만, 교인 개개인이 성경을 읽어도 해석하는 것은 금하고 있으므로 문제는 여전히 남아있습니다.

제5절 결론

통일교는 성경 이외에 "원리강론"을 가지고 있고, 몰몬교도 "몰몬경"을 가지고 있으며, 여호와 증인은 러셀이 쓴 7권의 "성서연구"가 있습니다. 성경을 가감하는 것이 이단이라면, 천주교야말로 이단이 아닐 수 없습니다. 그들은 성경의 권위를 부인하고, 성경 외에 가경과 구전을 믿으며, 성경보다는 구전을 앞세우고 있고, 모든 성경이 그 사본까지 몽땅 없어져도 좋다는 성경무용론을 주장하고 있는데도 불구하고, 천주교를 이단이라고 말하지 않는 사람들이 있다는 사실이 오히려 이상하기만 합니다.

셋째 이유 | **예수 그리스도의 구속을
부인하기 때문이다**

제사장마다 매일 서서 섬기며 자주 같은 제사를 드리되
이 제사는 언제든지 죄를 없게 하지 못하거니와
오직 그리스도는 죄를 위하여 한 영원한 제사를 드리시고
하나님 우편에 앉으사 그 후에 자기 원수들로 자기 발등상이 되게 하실 때까지
기다리시나니 저가 한 제물로 거룩하게 된 자들을 영원히 온전케 하셨느니라 ...(중략)...
또 저희 죄와 저희 불법을 내가 다시 기억지 아니하리라 하셨으니
이것을 사하셨은즉 다시 죄를 위하여 제사드릴 것이 없느니라
― 히브리서 10:11-18

우리 모든 그리스도인들은 예수께서 십자가에 못박혀서 우리의 모든 죄악을 대신하여 피를 흘려 죽으심으로, 완전하신 구속(救贖)을 이루었기 때문에 다시는 제사를 지낼 필요가 없다고 믿고 있습니다. 즉 예수 그리스도의 십자가의 제사는 완전하고도 영원한 제사로, 구속을 완성하셨다는 말입니다.

그러나 천주교에서는 "미사" 의식을 통해 예수 그리스도의 갈보리의 십자가 제사를 재연하고 있습니다. 이것은 곧 예수 그리스도의 십자가의 구속을 부인하고 있는 것입니다.

제1절 미사의 뜻

어떤 이들은 천주교의 미사가 교회의 예배와 같은 것인 줄로 알고 있으나, 실상은 전혀 다른 것입니다. 천주교의 미사는 성찬의 요소인 떡과 포도주를 사제가 봉헌 기도를 통하여 예수 그리스도의 살과 피로 변화시켜서, 신부가 그 예수 그리스도를 하나님께 제물로 바치는 의식인데 이것은 바로 십자가에서 예수 그리스도께서 드린 제사의 재연이라는 것입니다.[1]

그래서 이 미사의 제사는 예수 그리스도의 십자가 제사와 똑같이 흠숭(예배)과 감사, 보속(죄의 대가를 치름)과 구원으로 무한한 효과를 낸다고 주장하고 있습니다.[2] 이 미사는 성찬식의 떡과 포도주가 실제로 예수의 살과 피로 변화된다는 "화체설"과, 미사는 예수 그리스도를 희생제물로 하나님께 바친다는 "희생제사설"의 두 가지로 나누어 생각할 수 있습니다.

---

1) 이장식, 「기독교 사상사」, 제2권, 6판(서울 : 대한기독교서회, 1981), p. 262.

2) 가톨릭출판사 편집부 편, 「중요 교리 · 전례 · 용어해설」 (서울 : 가톨릭출판사, 1979), p. 150.

제2절 화체설

A. 천주교의 주장

라테란 회의(1215년)에서 제정되고, 트렌트 회의(1551)에서 재확인되어 천주교의 엄격한 교리가 된 화체설은, 성만찬의 떡과 포도주를 신부가 축사하는 순간, 그것들이 실제로 예수 그리스도의 몸과 피로 변화한다는 주장입니다.

천주교는 화체설의 근거로서 〈마 26:26-28〉과, 〈눅 22:19-20〉 그리고 〈요 6:47-51〉을 들고 있습니다.[3] 그들은 주장하기를 최후의 만찬석상에서 그리스도께서 떡을 들고 "이것은 내 몸이다."라고 하셨지, "이것은 내 몸의 상징이다."라고 하신 것이 아니기 때문에 이것은 명백히 화체설을 의미한다고 주장합니다.[4]

B. 비판

그러나 이와 같은 주장은 예수께서 "나는 포도나무요 너희는 가지니"(요 15:1), "나는 길이요 진리요 생명이니"(요 14:6), "나는 양의 문이라"(요 10:7)는 말씀이 단순히 비유적 표현(상징적

---

3) 박도식, 「천주교와 개신교-하나인 교회」, 7판(서울 : 가톨릭출판사, 1983), pp. 78-79.

4) 헨리 디이슨, 「조직신학강론」, 권혁봉 역, 5판(서울 : 생명의 말씀사, 1982), p. 675.

표현)이 아니라, 실제로 예수님은 포도나무이고, 길이고, 외양간의 문이라고 주장하는 어리석음을 범하는 것과 같습니다.

천주교의 화체설은 다음과 같은 몇 가지 반대를 면치 못하고 있습니다.

① 예수님은 제자들 앞에 육신의 몸으로 서계셨기 때문에 떡을 들고 "이것은 내 몸이니"라고 말하는 순간 자기 손안에 자기 몸을 갖고 있다는 결론을 내리게 되는데, 이와같은 경우는 있을 수 없는 일입니다.

② 성경은 떡이 변하였다고 생각할 만한 때에도 언제나 그것을 떡이라고 칭하였지, 그리스도의 몸으로 칭하지 않고 있습니다(고전 10:17; 11:26-28).

③ 물체의 변화는 그 속성의 변화 없이는 불가능한 것입니다.

④ 떡이나 포도즙과 같이 형상과 취각과 맛을 가진 사물을 살과 피로 믿는 것은 참으로 상식에 어긋나는 말입니다. [5]

⑤ 같은 시간에 세계 각지에서 열리는 여러 미사 중 어디에 있는 떡과 포도주가 예수인가?

---

5) 루이스 뻴콥, 「기독교 신학개론」, 신복윤 역(서울 : 은성문화사, 1974), p. 303.

예수 그리스도의 살과 피를 실제로 먹고 마신다는 천주교의 화체설은 그야말로 식인종의 사상을 유발시키며, 불쾌감을 줍니다. [6] 천주교인들은 식인종인겁니까? 사람의 피와 살을 먹다니…. 천주교의 화체설이 얼마나 허구인가를 보여주는 시(詩) 한수를 아래에 소개합니다.

詩〉 로마의 기적

개신교 한 예쁜 아가씨가 카톨릭 남자에게 시집을 갔다.
어릴 때부터 성경의 모든 진리와 이야기를 사랑하며 자란 그녀
이기에 남편을 따라 로마의 모(母) 교회에 나가지도 않았고
그 가르침에 따르지도 않았다.
그래서 남편의 마음은 쥐어 짜듯 아팠다.

남편은 날마다 아내를 구슬렸으나 아내는 막무가네였다.
나무 우상 앞에서 절하지 않는 것은 고사하고

---

6) 헨리 디이슨, op. cit., p. 676.

그녀는 미사도, 성체도, 기적들도, 화체설도
모두 속임수라 하여 믿지 않았다.

이에 남편은 사제에게 가서 자기의 근심스러운 사정을
털어놓기를,
"사제님, 제 아내는 불신자입니다. 설복시켜 주십시오.
제 아내는 로마의 모든 기적들을 아주 질색합니다.
기적을 실제로 행하시오면 제 아내가 개종할 것입니다."

사제는 그 신사와 같이 갔다.
이길 수 있으리라고 생각하고 말하기를,
"암, 그렇고 말고요. 당신 부인을 개심시켜 두 눈을
열어주지요." 라고 말했다.
이윽고 집에 당도하여 남편이 큰소리로
"사제님이 우리와 함께 식사하러 오셨소" 하니 아내는
"어서 오십시오"라고 반기었다.

식사 후 사제는 드디어 그 여인을 가르쳤다.
인간의 죄된 상태도 말하고

그리스도인이면 부인할 수 없는 구세주의 크신 사랑도 전하여
예수께서 자신을 희생제물로 주고
우리 죄를 위하여 죽으셨다고 했다.

"부인, 내일 다시 오리다. 빵과 포도주를 준비해 두시지요. 성례
전의 기적이 당신 영혼이 쇠약해 가는 것을 막아줄 것입니다."
여인이 "네, 빵을 굽지요" 하자, 사제는 "좋습니다."
"부인은 이 기적을 볼 때 확신하게 될 것입니다."고 했더란다.

사제가 그 말대로 와서 빵과 포도주를 축복하였다.
부인이 "사제님, 이것이 변했나요?" 라고 묻자
사제는 "그렇습니다. 보통의 빵과 포도주가 참 살과 피로 바뀌
었습니다." "베고라 부인이여, 나의 이 권능이 이렇게 하나님으
로 변화시킨 것입니다" 라고 단언했다.
이리하여 빵과 포도주를 축사한 후, 이 준비해 놓은 것들을 먹
으려고 했다.
그때 부인이 사제에게 "조심하시기를 바랍니다." 라고 말했다.
"반죽을 할 때 반 온스의 비산을 넣었으니까요. 그러나 사제께서
그 본질을 변화시켰으니 별 문제될 것이 없겠지요." 라고 했다.

사제는 놀라 말문을 열지 못했다. 안색이 죽은 것처럼 창백하게
변했다. 그의 손에서는 떡과 포도주가 떨어졌고 숨을 몰아쉬며
말하기를, "말을 대령시켜라, 여긴 저주받은 집이야" 라고 울부
짖자, 부인은 "나가시오, 로마의 저주는 당신이나 받으시오" 라
고 쏘아붙였다.
남편은 놀라 말 한마디도 하지 않고 있었다.

마침내 그가 "여보, 사제는 달아났소."
"그러나 허튼 일과 허튼 소리를 참읍시다. 나도 확신할 수 없군
요. 난 당신과 함께 살 것입니다. 우린 로마 카톨릭의 이 우화를
던져버립시다"고 속삭였다나요.[7]

<hr>

7) 랄프 우드로우, 「로마 카톨릭주의의 정체」, 안금영 역(서울 : 도서출판 태화, 1984),
   pp. 232.-234.

제3절 희생제사설

희생제사설이란, "미사"가 일종의 제사로서 신부가 예수 그리스도를 구약적인 희생 제물로 하나님께 바치는 의식이라는 말입니다. 즉 그들은 이것을 갈보리 제사의 재현이라고 주장합니다.[8] 이것이 하나의 상징이라면 좀 이해가 될지 모르나, 실제라고 우기는 데는 아연실색하지 않을 수 없습니다.

B. 비판

만약 그들의 주장대로 미사가 십자가의 재현이라면, 이 미사제는 다음의 두 가지 죄악을 면치 못할 것입니다.

① 신부(사제)들은 미사 때마다 예수님을 십자가에 못 박아 죽이는 살인자들이요, 그리스도의 대제사장직을 가로채고 있다는 사실입니다.

② 그들은 예수 그리스도의 십자가의 구속을 부인하는 것이니, 왜냐하면 신부가 미사를 행할 때마다, 예수 그리스도를 제

---

8) 죤 오브라이언, 「억만인의 신앙」, 정진석 역(서울 : 가톨릭출판사, 1983), pp. 441-442.

물로 드리는 일이 반복되기 때문입니다. [9]

그래서 칼빈은 천주교에서 미사를 희생이라 말하는 것은 사단의 역사라고 말하며, 그들은 그리스도의 골고다의 참된 유일회적인 속죄의 희생을 필요로 하지 않거나, 그렇지 않으면, 그리스도의 죽음을 다시 요구하는 것이라고 하였습니다. [10]

성경 〈히브리서 10장〉을 읽어보면 예수께서 십자가에서 피를 흘리신 제사는 우리의 모든 죄를 깨끗하게 하신 한 영원하고도 완전한 제사이므로 다시는 제사드릴 것이 없다고 분명하게 말하고 있습니다(히 10:10~18).

다시 제사를 드려야 한다는 말은 곧 예수 그리스도의 십자가의 제사가 효력이 없다는 것을 의미하는 것입니다. 그러므로 천주교의 미사 제도는, 예수 그리스도의 십자가의 구속을 부인하는 것이요, 결국 그들은 미사 때마다 예수 그리스도를 살해하는 살인 의식을 거행하는 셈입니다. 우리는 천주교인들에게 〈히 9-10장〉 말씀을 권하되 특히 〈히 10:26-29〉를 일러주고자 합니다.

"우리가 진리를 아는 지식을 받은 후 짐짓 죄를 범한 즉 다시 속죄하

---

9) 헨리 디이슨, op. cit., p. 676.

10) 이장식, 기독교 사상사, 제2권, pp. 262-263.

는 제사가 없고 오직 무서운 마음으로 심판을 기다리는 것과 대적하는 자를 소멸할 맹렬한 불만 있으리라 모세의 법을 폐한 자도 두 세 증인을 인하여 불쌍히 여김을 받지 못하고 죽었거든 하물며 하나님의 아들을 밟고 자기를 거룩하게 한 언약의 피를 부정한 것으로 여기고 은혜의 성령을 욕되게 하는 자의 당연히 받을 형벌이 얼마나 더 중하겠느냐 너희는 생각하라"(히 10:26-29)

제4절 성체숭배

A. 천주교의 주장

성체란 성만찬 때 사용된 떡을 의미하는데, 천주교는 이 떡이 곧 예수 그리스도의 몸이라고 믿으므로, 이 떡을 예배하고 떡에 절합니다.[11] 또한 그들은 이 떡과 포도주를 성체요 성혈(거룩한 몸과 피)로 부르고, 그것이 신부의 손에 의해 들려질 때 "내 주시여, 내 천주시로소이다."라고 경배합니다.[12] 나아가 그들은 거

---

11) R. 로울러, D. 우얼, T. 로울러, 「그리스도의 가르침」, 오경환 역, 중판(서울 : 성바오로 출판사, 1983), p. 456.

12) 가톨릭출판사 편집부 편, 「중요 교리 · 전례 · 용어 해설」, p. 156.

기에 절하면서 복을 비는데(성체 조배와 성체 강복), 이런 것은
순전히 우상숭배가 아닐 수 없습니다.

B. 비판

떡에게 절하고 복달라고 빌다니 이것은 상식 이하의 짓입니
다. 따라서 우리는 천주교를 가리켜 "미사 우상을 섬기는 자"라
고 비판한 종교개혁자들의 견해가 분명히 옳았다는 것을 알 수
있습니다.[13]

제5절 결론

우리는 천주교의 미사가 그들의 주장과는 달리, 실제로 떡과
포도주가 예수님의 살과 피로 변할리도 없고, 실제로 그리스도
께서 제물로 다시 드려지는 것이 아니라, 다만 떡과 포도주가
사람들 앞에서 신부의 손에 의해 높이 들려진다는 것 외에 아무
것도 아니라는 것을 압니다.

---

13) 알렉산더 스튜아트, 「로마교 교리와 성경교리」, 김진도 역(부산 : 성문사, 1961),
　　pp. 87-88.

그러나 그들이 화체설과 희생제사설을 믿고 성체숭배를 하는 한 그들은 예수 그리스도의 십자가의 구속을 부인하는 것이요, 더 나아가서 매일같이 예수 그리스도를 십자가에 살해해 버리는 죄악의 의식을 반복하고 있으면서, 떡을 그리스도의 우상으로 숭배하고 있다는 결론을 내리게 됩니다. 그리스도의 단번에 드려진 갈보리 십자가 희생의 완전하고도 영원한 구속을 부인하고 그리스도를 살해하는 의식을 계속 행하고 떡을 그리스도라고 섬기는 무리들이 이단이 아니라면, 도대체 누구를 이단이라고 해야 할지 모르겠습니다.

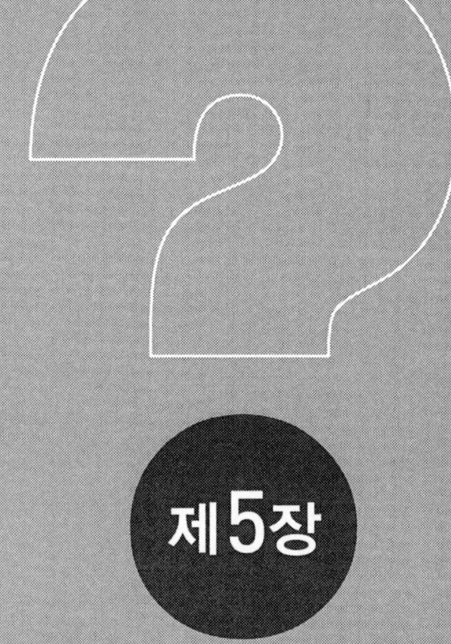

넷째 이유 | 인간을 신격화하기 때문이다

누가 아무렇게 하여도 너희가 미혹하지 말라 먼저 배도하는 일이 있고
저 불법의 사람 곧 멸망의 아들이 나타나기 전에는 이르지 아니하리니
저는 대적하는 자라 범사에 일컫는 하나님이나 숭배함을 받는 자 위에 뛰어나
자존하여 하나님 성전에 앉아 자기를 보여 하나님이라 하느니라

— 데살로니가후서 2:3-4

　사이비 종교일수록 현저한 특징 중의 하나가 그 교주나 어느 특정인을 카리스마화(charisma化) 즉 신격화하여 숭배한다는 사실입니다. 안식교의 엘렌 지 화이트나 몰몬교의 요셉 스미스, 통일교의 문선명, 전도관의 박태선, 여호와 증인의 럿셀이나 러더포드 등이 곧 그러합니다.

　천주교에서는 교황과 신부를 신격화 내지는 카리스마화(지배자의 신성 불가침한 신비적 권위, 일반적으로 초자연적인, 초인간적인 능력과 소질을 갖추고 있는 것을 뜻함)하고 있습니다.

제1절 교황의 신격화

천주교가 교황을 신격화하여 숭배하는 것은 대체로 다음 세 가지로 생각할 수 있습니다.

즉, ①교황은 그리스도의 대리자로써 교회의 최고 통치자이나. ② 교황 무오설(교황은 오류가 없다) ③ 교황의 면죄권(사죄권과 비슷하지만, 죄에 대한 형벌까지 면제해 줄 수 있는 권리)

A. 교황은 그리스도의 대리자이며 교회의 최고 통치자인가?

교황의 이름은 참으로 많기도 합니다. 즉 바티칸의 공식 인명록인 〈Annuario, Pontificio〉에는 교황은 ① 로마의 대주교, ② 예수 그리스도의 대리자, ③ 그리스도의 수제자, ④ 베드로 사도의 계승자, ⑤ 전 세계 교회의 최고 고위 사제, ⑥ 서방 교회의 총대주교, ⑦ 이탈리아의 수석 주교, ⑧ 로마 관구의 대주교 및 수도 주교, ⑨ 바티칸 공화국의 최고 통치자, ⑩ 하나님의 종 중의 종으로 기술되어 있습니다.[1]

---

1) 기독교대백과사전 편찬위원회 편, 「기독교대백과사전」, 제1권, 재판(서울 : 기독교문사, 1981), p. 1205.

1. 교황권의 의미

"교황(Pope, Papa)"이란 말의 뜻은 아버지란 뜻입니다. 맨 처음에는 알렉산드리아 감독에게 부여된 칭호였으나, 나중에는 모든 감독에게 사용되었습니다. 그 후에는 로마 감독에게만 제한하여 사용케 되었다가, 공식 문서에 직명으로 사용한 것은 로마 감독 "실리기오"(Silicius, 384-398)가 시작하였고, 로마 감독을 부르는데 사용한 것은 "레오"가 시작하였고, 로마 감독에 한하게 한 사람은 "그레고리 1세"였습니다. 그러므로 교회사에서 "그레고리1세"를 초대 교황이라고 기산(起算)하게 된 것입니다.[2]

로마 감독을 교황이라고 부르게 된 이유는 476년 서로마 제국이 망한 후, 로마 감독이 국가의 수장을 겸하여 교회와 국가의 모든 일을 감독하게 되었으므로 교권이 날로 융성하여, 모든 신자와 국민에게 아버지(Papa)란 칭호를 받았는데, 이 이름이 그냥 계승되고 있는 것입니다.[3]

교황권이 의미하는 것은 다음과 같습니다. 즉 그리스도께서는 사도들 가운데서 베드로를 그들 중 으뜸가는 자로 세우시고,

---

2) 송낙원, 「기독교회사」, 5판(서울 : 기독교문화사, 1970), p. 126.
3) 채필근, 「비교종교론」, 19판(서울 : 대한기독교서회, 1983), p. 339.

지상 교회의 최고 높은 자로 세우셨고, 실제로 교회를 치리할 권한을 주셨으며, 이 베드로에게 주어진 모든 권한들은 그의 계승자에 의해 세상 끝 날까지 행사되도록 하셨다는 것이며, 베드로의 계승자는 다름 아닌 로마의 주교들(즉 로마 교황들)이라는 것입니다.[4] 교황의 권한은 하나님의 법에 저촉되지 않는 한 교회 내에서 한없이 최고 높고, 전 세계 교회에 행사할 수 있으며, 그 권한은 누구에게 위임받은 것이 아니라 자기 스스로가 갖는 것이며, 중간에 어떤 사람이 끼어야 하는 것이 아니고 직접적인 권한을 갖고 있다는 것입니다.[5]

2. 교황권의 근거

a. 천주교의 주장

천주교가 교황권의 근거로 제시하는 성경 구절은 〈마 16:15-19〉인데, 거기서 베드로가 주는 "그리스도시요, 살아계신 하나님의 아들이십니다"하고 고백했을 때, 예수께서 "너는 베드로라 내가 이 반석 위에 교회를 세우리니, 음부의 권세가 이기지 못

---

4) 기독교대백과사전 편찬위원회 편, op. cit., p. 1205.

5) 가톨릭출판사 편집부 편, 「중요 교리 · 전례 · 용어 해설」 (서울 : 가톨릭출판사, 1979), p. 114.

하리라. 내가 천국 열쇠를 네게 주리니, 네가 땅에서 무엇이든
지 매면 하늘에서도 매일 것이요, 네가 땅에서 무엇이든지 풀면
하늘에서도 풀리리라" 하셨습니다.

여기서 천주교는 이렇게 주장합니다.

① 반석 위에 교회를 세운다고 하셨으니, 이 반석은 곧 베드
로이다. 그러므로 그리스도는 자기의 교회를 베드로 위에 세우
신 것이다.

② 그리스도께서 베드로에게 천국 열쇠를 주셨다는 말은, 그
리스도를 대신하여 세상 교회를 다스릴 권한을 부여했다는 것
이다.

③ 그렇기 때문에 교황은 베드로의 후계자로서 절대권을 가
지고 있고, 그리스도의 지상 대리자로서 받들고 있다.[6]

④ 그런데 로마의 주교인 교황이 베드로의 후계자가 되는 이
유는, 베드로가 목회하다가 로마에서 순교했기 때문에, 로마의
주교인 교황이 베드로의 후계자가 되는 것이다.[7]

6) 박도식, 「무엇하는 사람들인가?」, 20판(서울 : 가톨릭출판사, 1983), pp. 261-263.
7) 가톨릭출판사 편집부 편, op. cit., p. 115.

b. 비판

위와 같은 천주교의 주장은 성경적으로나 역사적으로나 거짓임이 분명합니다.

① 성경 해석상, 베드로와 반석이 같을 수 없습니다. 즉, 베드로($\pi\acute{\varepsilon}\tau\rho o\varsigma$)는 남성 명사이며, 그 뜻은 "돌(Stone)"인 반면, 반석($\pi\acute{\varepsilon}\tau\rho a$)은 여성 명사이며, 그 뜻은 "반석(Rock)"입니다.[8] 데이비스(Devis)는 이러한 사실을 지적하면서, 문학상 이 둘을 혼동해서 무차별하게 사용한 데는 없다고 말했습니다.[9]

예수께서는 반석 위에 교회를 세운다 하셨지, 베드로 위에 교회를 세운다고 하시지 않았습니다. 〈마 16:1-19〉의 뜻은 "너의 이름은 베드로(페트로스, $\pi\acute{\varepsilon}\tau\rho o\varsigma$)이다. 그리고 네가 고백한 진리는 반석(페트라, $\pi\acute{\varepsilon}\tau\rho a$)이다. 내가 이 반석(페트라) 위에 내 교회를 세우리라"는 뜻입니다.[10] 이 성경 구절에 대한 초대 교부들의 견해를 보면, 반석이 베드로를 가리킨다고 믿은 사람은 17

---

8) W. F. Arndt and F. W. Gingrich, <u>A Greek English Lexicon of the New Testament and other early christian literature</u> (The University of Chicago press, 1967), pp. 660-661.

9) 헨리 디이슨, 「조직신학 강론」, 권혁봉 역, 5판(서울 : 생명의 말씀사, 1982), p. 650.

10) 이상근, 「마태복음 주해」, 6판(서울 : 대한예수교장로회 총회교육부, 1976), pp. 255-256.

명, 반석은 베드로가 고백한 신앙이라고 믿은 사람은 45명, 반석은 그리스도를 가리킨다는 입장이 16명, 반석이 모든 사도들을 가리킨다가 18명으로, 반석을 베드로로 믿은 것은 전체 96명 중 17명뿐이었다는 사실입니다. 이것은 17세기 천주교 학자 라우노이(Launoy)가 밝힌 사실입니다.[11] 또한 만약 여기서 베드로가 반석이라고 천주교 식으로 주장한다면, 바로 그 뒤에 나오는 〈마 16:22-23〉에 보면, 베드로가 곧 사단이라는 사실입니다. 이런 모순이 어디 있습니까? 예수께서 사단 위에 교회를 세우시다니요?

② 성경에 베드로가 교황으로 언급된 적이 없습니다. 오히려 〈벧전 5:1〉에 보면, 베드로는 자신을 "장로"라고 말하고 있습니다.

③ 베드로의 후계자가 교황이란 근거도 역시 없습니다. 〈행 10:25-26〉에 보면, 고넬료가 자기에게 엎드려 절할 때, "나도 사람이라"고 말하면서 경배를 금지했습니다. 이것은 오늘날 교황들이 하나님의 대리자라고 하면서 온갖 영광을 독차지 하는 것과 엄청나게 다른 것입니다.

④ 천주교는 주장하기를 주후 42-67년 사이의 25년간을 베드

---

11) 허버트 카아슨, 「천주교는 과연?」, 박우석 역, (서울 : 생명의 말씀사, 1984), p. 77.

로가 로마의 주교로 있었다고 주장하고 있으나, 베드로가 로마에 갔었다는 것조차도 역사적 근거가 없다는 사실입니다. 오히려 성경을 연구해보면, 53년경에 베드로는 안디옥에서 바울과 합류했고(갈 2:11), 58년경에 바울이 쓴 〈로마서〉에 보면, 로마에 있는 27명의 신자들과 지도자들에게 안부를 전하고 있으나, 베드로(그때 만약 로마의 주교였다면)의 이름이 왜 없을까요? (롬 16:1-27)

⑤ 역사적으로 볼 때, 교황권은 위조문서인 "가짜 이시도르 문서"와 "콘스탄틴의 기증물"에서 유래한 것입니다.[12] 이것은 1433년 쿠사의 니콜라스(Nicolas of Cusa)와 1446년 로렌조 발라(Lorenzo Valla)에 의해 거짓으로 판명되었으며, 오늘날의 신구교 학자들은 모두 이 두 문서가 거짓이라고 주장하고 있습니다.[13] 카톨릭 학자들이 그 문서들이 가짜인 것은 인정하면서도 그것에 의해 주장되어 온 교황권은 계속해서 인정하려고 하는 것은 마치 위조지폐인 것이 발각 났는데도 그것을 계속 써먹으려는 사람과 같은 것입니다.[14]

---

12) 이종기 편, 「교회사」, (서울 : 세종문화사, 1975), pp. 173-174.

13) B. K. 카이퍼, 「세계기독교회사」, 김해연 역, 5판(서울 : 성광문화사, 1980), p. 95.

14) 허버트 카아슨, op. cit., pp. 94-96.

이렇게 해서 우리는 교황권이 성경이나 역사적으로 거짓과 허구 위에 자리 잡은 기초 없는 공중누각인 것을 발견했습니다.

그럼 이제는 교황 무오설을 살펴보겠습니다.

B. 교황은 과연 무오한가?

1. "교황 무오설"에 대한 천주교의 주장

이 설은 "교황은 오류가 없다.(즉 실수나 잘못을 범하지 않는다)"는 주장입니다. 그러나 교황의 많은 부도덕성과 비과학적인 주장들이 밝혀졌기 때문에 천주교는 그것을 변명하려고 다음과 같이 주장하고 있습니다.

즉 「① 신앙과 도덕에 관한 것, ② 교황이 그 교좌(교황이 집무하는 의자)에 앉아 직무를 수행할 때」에 한해서 무오하다는 것입니다.[15] 이 교황 무오설은 많은 반대에도 불구하고 1870년 바티칸 회의에서 교황에 의해 선언되었습니다.[16]

---

15) A. 덜레스 외, 「간추린 생활교리」, 정승현 역(서울 : 성바오로출판사, 1980), p. 32.
16) 이종기 편, op. cit., pp. 496-497.

2. 교황 무오설 비판

다음과 같은 사실들을 볼 때 교황 무오설은 천하의 모든 사람들을 바보로 취급하고 있는 것이 아니면, 모든 사람이 다 알고 있는데도 모르는 척하고 주장하는 뻔뻔스런 거짓말에 지나지 않는 것입니다.

a. 성경적인 근거가 없다

성경 어디에도 교황이란 말도 없거니와, 교황이든 베드로이든지간에 어느 누구의 무오설을 말하기는커녕, 오히려 성경은 모든 인간이 부패하고 거짓되었다고 말하고 있습니다. 〈렘 17:9, 시 14:2-3〉

b. 역사적인 사실들은 교황이 오류투성이임을 증명하고 있습니다.

① 교황 무오설은 1870년 7월 18일에 교황이 비준한 것입니다. 그렇다면 교황들은 1870년 동안 자신들이 무오하다는 사실을 왜 몰랐을까요? 그와 같은 엄청난 오류가 더 있을까요?

② 1870년 교황 무오설이 선언될 때까지 천주교에서 널리 사용되던 "키난의 논쟁적 교리문답서(Keenan's Controversial Catechism)"에는 이런 문답이 들어 있었습니다.

문 : 「천주교인은 교황 무오설을 믿어서는 안 되는가?」

답 : 「이 교황 무오설은 신교에 의해서 조작된 이야기에 불과하다. 이는 천주교의 신앙에 관계된 조목이 아니다. 교황의 결정은 그것이 지도적 교회 곧, 교회 감독들에 의하여 찬동되고 시행되기까지는 효력을 발하지 못한다.」

그런데 바티칸 회의가 교황 무오설을 선언하자, 인쇄 중에 있던 키난의 교리 문답서에서 이 조항은 소리 없이 삭제되었고 왜 삭제되었는지 해명도 없었습니다.

③ 1378년에서 1429년까지 51년이 넘도록 2-3명의 교황이 동시에 자기가 교황이라고 로마와 아비뇽과 밀라노에 할거(割據)하였고, 서로가 서로를 가짜로 파문하였습니다. 과연 누가 진짜 교황이며, 어느 교황이 무오하였는가?[17]

④ 마리아 무죄 잉태설이 선언된 것은 1854년이었습니다. 그러나 실제로 이 교리에 대한 논쟁은 14세기부터 시작되었습니다. 이렇게도 중요한 교리가 근 500년간 많은 교황들이 거쳐 갔는데도, 이 무오한(?) 교황들은 결정을 못 내렸고, 왜 1854년까지 이 교리가 땅에 묻혀 있었나?

---

17) 알렉산더 스튜어트, 「로마교 교리와 성경교리」, 김진도 역(부산 : 성문사, 1961), pp. 48-49.; 이종기 편, op. cit., pp. 250-254.

⑤ 소위 "성 빌로메나(Philomena)" 사건은 어찌된 것인가? 1802년 나폴리의 사제가 "빌로메나의 성골(유골)을 발굴하였는데, 그것은 밑에 있던 두 수녀가 꿈을 통해 받은 빌로메나의 생애와 기적에 관한 계시에 따른 것이었습니다.

교황 레오12세는 그녀를 성녀로 선언했고, 그레고리 16세는 그 화상을 축복했고, 비오9세는 기념 성무일과 미사를 정했습니다. 1928년에 시성된 "성 퀴레다르스"도 그것을 찬성했습니다. 그런데 결국 "성 빌로메나"는 존재치도 않은 거짓인물임이 판명되었고, 천주교는 그것을 공식적으로 인정했습니다. 도대체 교황의 무오성은 어디로 갔나?[18]

⑥ 교황은 틀림없이 오류를 범했습니다.

ⓐ 리베리우스 교황은 이단인 아리우스 편을 들어 아다나시우스를 파문하였습니다.

ⓑ 조시무스 교황은 펠라기우스를 정통이라고 옹호하였습니다.

ⓒ 바질리우스 교황은 단성설을 옹호하고, 네스토리우스파를 용납하였으며, 533년에 콘스탄티노플 공의회는 바질리

---

18) 허버트 카아슨, op. cit., pp. 104-105.

우스를 이단으로 정죄하였습니다.

ⓓ 호노리우스 교황은 단의설을 주장하였고, 제6차 공의회에서 이단으로 정죄되었고, 교황 레오2세에 의해 확정되었습니다.

ⓔ 식스토(Sixtus) 5세(1585-1590)는 라틴어 표준역 성경을 편찬하고 그 서문에서 그 책의 무오성을 주장하였으나, 그 후 형편없는 작품으로 밝혀져 학자들이 3천 군데나 수정하였고, 클레멘스 8세가 다른 것을 만들라고 명령했습니다.

ⓕ 우르반 8세는 갈릴레오가 지동설을 주장했다고 하여 성경(시 93:1)을 근거로 종교 재판에 의해 정죄하였고, 그의 책은 금서 목록에 포함되었습니다.

금서 목록에서 풀렸을 때 케어(Keer) 주교는 말하기를 "지구는 움직여도 좋다는 교황의 허락을 받았다"고 하였으니…[19]

ⓖ 스테파노 6세(896-897)는 전임 교황 포르모수스(891-896)를 파문하여 그 시체를 재판해서 정죄한 후 로마 길거리를 끌고 다니다가 티베르 강에 던졌고,

ⓗ 요한 9세는 스테파노 6세의 판결을 파기하고, 포르모 수

---

19) Ibid., pp. 108-116.

스의 명령이 유효하다고 선언하였는데,

ⓘ 다시 또 세르기오 3세(904-911)는 스테파노의 결정에 찬성하였으니 도대체 어느 교황이 무오한가?

ⓙ 에우제니오 4세(1431-1447)은 Arc의 요한을 "마녀"라고 화형 시켰는데, 베네딕토 4세는 1919년에 그녀를 "성인(성녀)"으로 선언하였습니다.[20]

c. 많은 교황들이 부도덕하여 간음, 남색, 성직 매매, 강간, 살인을 일삼고 술에 취해 지내었습니다.

① 데오도라 라는 음탕한 과부와 두 딸(데오도라, 마로지아)의 정부들과 그 아들들이 번갈아 교황에 오르기도 하고 서로 암살하기도 하였음.

ⓐ 세르기오 3세(904-911) : 마로지아의 정부로써 교황이 됨.

ⓑ 요한 10세 : 데오도라의 정부였음. 마로지아가 질식사 시켰음.

ⓒ 레오 6세(928-929) : 마로지아의 정부로써 교황이 되었으나 암살됨.

---

20) 랄프 우드로우, 「로마 카톨릭주의의 정체」, 안금영 역(서울 : 도서출판 태화, 1984), pp. 183-191.

ⓓ 요한 9세(931) : 마로지아와 세르기오의 아들, 독살됨.

ⓔ 요한 12세 : 18세에 교황이 됨, 마르지아의 손자, 50명의 주교들에 의해 955. 11. 6에 신성모독, 성직매매, 위증, 간음, 살인, 근친상간 죄로 고소당했고, 반대파를 파문하고 무참하게 보복한 후, 964. 5. 14에 간음 중 중풍으로 8일후 사망.

② 베네딕트 7세 : 옥중에서 암살됨(974).

③ 요한 14세 : 보니파시오 7세에 의해 옥중에서 살해됨(984).

④ 보니파시오 7세(984-985) : 돈으로 지위를 지탱하다가 피흘림과 추행으로 인하여 폭동이 일어나 변사한 후, 시체가 시가지에 끌려 다녔음.

⑤ 요한 15세(985-996) : 공금횡령, 뇌물을 탐함.

⑥ 그레고리 5세(996-999) : 요한 16세와 자리다툼으로 폐위됨.

⑦ 요한 16세 : 황제 오토 3세에게 눈, 귀, 코가 잘린 후 옥사함.

⑧ 베네딕트 8세(1012-1024) : 뇌물로 교황직을 삼.

⑨ 요한 19세(102-1033) : 뇌물로 평신도에서 교황이 됨.

⑩ 베네딕트 9세(1033-1045) : 12세에 교황이 됨. 백주에 살인, 간음을 예사로 했음. 로마에서 추방되었다가 그레고리 6세에게 면류관(교황이 쓰는)을 팔았음.

⑪ 클레멘스 2세 : 즉위 후 9개월 후 독살됨.

⑫ 이노센트 3세(1198-1216) : 종교 재판소 설치, 100만 명 이상 처형함.

⑬ 보니파시오 8세(1294-1303) : 성직매매, 부도덕, 우상숭배, 마술행함, 그리스도를 위선자라고 욕함. 1302년에 천주교만이 유일한 참 교회이며, 천주교 밖에서는 구원이 없고, 교황에게 순복하고 믿는 것은 구원의 필수 조건이라고 선포함(Unam Sanctum).

⑭ 요한 23세(1410-1415) : 37명의 증인들에 의해 사통, 간음, 근친상간, 남색, 성직매매, 도적질, 살인자로 규정됨. 300명의 수녀들을 범했다고 입증됨.

⑮ 비오 2세 : 사생아들의 아버지였고, 첩들을 집에 가득히 두었음.

⑯ 바오로 2세 : 첩들을 가득히 둠.

⑰ 식스토(1471-1492) : 성직 팔아 치부하고, 8명의 조카를 추기경에 임명함.

⑱ 이노센트 8세(1484-1492) : 여러 여인에게 16명의 자녀를 둠. 성직을 매매함.

⑲ 알렉산더 6세(1492-1503) : ⓐ "바노자데이 카타데이"라는 여자와 그녀의 딸 "로사"와 놀아났고, ⓑ "로사"에게서 다섯 자

녀를 둠, ⓒ 자기 두 자매와 딸(루크레티아)과 공개적으로 근친 상간 생활, ⓓ 딸과의 사이에 한 자녀를 둠, ⓔ 1501년 10월 31일 바티칸에서 섹스잔치를 열었음.

⑳ 바오로 3세(1534-1549) : 3남 1녀의 아버지였음, 10대의 조카 2명을 추기경에 임명했음.

㉑ 레오 10세(1513-1521) : 8세에 대수도원장이 되었고, 13세에 추기경이 되었었으며, 무한대의 쾌락에 놀아났음.[21]

그리하여 로마에서 그 진상을 본 루터는 말하기를 "지옥이 있다면, 그 위에 로마가 건설되었다"고 하였던 것입니다.[22]

d. 교황 무오설을 끝까지 반대하다가 출교당한 폰 될링거(Von Dolinger)는 47년간이나 뮌헨 대학에서 교회사를 가르쳐온 교수였는데, 그는 다음과 같이 말했습니다.

「내게 있어서 교황의 주권과 무오류성에 관한 전 교리체계는 궤휼과 기만과 강제와 폭력에 의하여 세워졌을 뿐만 아니라 제5세기 이후에 널

---

21) 랄프 우드로우, op. cit., pp. 167-179.; 이종기 편, op. cit., pp. 175-176.
22) 랄프 우드로우, op. cit., pp. 177-178.

리 유포되어 있던 일련의 위조문서와 조작된 이야기에 근거하여 꾸며

진 것임에 분명하고 확실하다.」[23]

C. 교황은 정말 면죄권이 있는가?

어느 나라든지 그 나라의 대통령은 사면권이 있는 것이 보통입니다. 그러나 대통령이 죄를 용서해 주었다 해도 그것이 곧 하나님의 용서를 받는 것이 아닙니다.

그런데 외람되게도, 천주교는 주장하기를 교황은 사람들의 죄를 용서할 뿐 아니라, 모든 죄의 형벌을 면제해 주어서 지옥에 가지 않게도 할 수 있다는 것입니다.

우리는 우리의 죄를 용서하실 수 있는 분은 삼위일체 하나님뿐이라고 믿습니다. 그런데 천주교인들은 교황이 하나님을 대신해서 죄를 용서해 준다는 것입니다.

1. 천주교의 면죄 사상

a. 대죄와 소죄

---

23) 알렉산더 스튜어트, op. cit., p. 48.

① 그들도 원죄(아담으로부터 유전되는 죄)와 자범죄(자기가 범하는 죄)를 인정하는데, 그들은 인간의 자범죄를 대죄와 소죄로 나눕니다. 대죄란 구원을 잃어버리는 큰 죄이고, 소죄는 영혼을 아프게 하는 작은 죄지만 소죄가 반복되면 대죄가 된다고 합니다.[24]

② 그런데 죄와 벌은 별개의 문제이므로"고해성사"를 통해 죄는 용서받아도 그 죄에 대한 형벌은 받아야 된다고 주장합니다.[25]

③ 대죄를 지으면 지옥에 떨어지는 영벌을 받게 되고, 소죄를 지으면 이 세상과 연옥에서 형벌을 받게 되는데 이것을 잠벌이라고 합니다. 대죄를 지어 영벌(지옥)을 받게 된 사람은 고해성사를 통해서 죄를 용서받고 영벌이 면죄되지만, 소죄로 인한 잠벌은 고해성사로 면제 될 수도 있고 안될 수도 있다고 합니다.[26]

④ 연옥에 가서 소죄로 인한 잠벌을 당하지 않기 위해서는 살아생전에 그 보상을 해야 하는데, 이것을 보속이라고 합니다.[27]

---

24) 존 오브라이언, 「억만인의 신앙」, 정진석 역(서울 : 가톨릭출판사, 1983), p. 578.

25) 박도식, 「천주교와 개신교-하나인 교회」, 7판(가톨릭 출판사, 1983), p. 40.

26) 존 오브라이언, op. cit., pp. 258-259.

27) R. 로울러, D. 우얼, T. 로울러, 「그리스도의 가르침」, 오경환 역, 증판(서울 :성바오로 출판사, 1983), p. 504.

이 보속은 금식, 자학, 성지순례, 선행, 기도 등으로 이루어지며
고해 성사 때에 신부가 무엇으로 보속해야 할지 가르쳐줍니다.[28]

b. 면죄

① 면죄란 천주교에서는 대사라고 하는데, 교황이 잠벌(죄로
인해 이 세상이나 연옥에서 받아야 할 형벌)을 사면해 주는 것
을 의미합니다.[29] 대사에는 전대사와 한대사가 있는데, 전대사
란 보속(또는 잠벌)을 전부 없애주는 대사이고, 한대사는 보속
(또는 잠벌)의 일부만 없애주는 대사입니다.[30] 한대사에는 40일,
1년, 수년간의 형벌을 면죄 받는 것입니다.[31]

② 무슨 근거로 교황이 면죄할 수 있는가 물으면, 천주교는
이렇게 대답합니다. 즉 〈마 16:19〉에서 베드로에게 "네가 세상
에서 무엇이든지 풀면 하늘에서도 풀리라"고 한 말씀은 곧 무슨
죄든지, 영벌이든지 잠벌이든지 사해줄 수 있는 권한을 주셨다

---

28) 가톨릭출판사 편집부 편, op. cit., p. 248.

29) 박도식, 「무엇하는 사람들인가?」, pp. 345-346.

30) Ibid., pp. 347-349.

31) 기독교대백과사전 편찬위원회 편, 「기독교대백과사전」 제6권(서울 : 기독교문사, 1982),
    pp.95-96.

는 것이며, 그런데 하늘에는 무진장한 면죄의 보물 창고가 있어 그리스도와 마리아와 성인들의 공로가 가득 차있어, 하나님은 그 보물 창고의 열쇠를 교황에게 위임하여 나눠주도록 하셨기 때문에 교황이 신자들에게 그 공로 일부를 나눠 주어서 죄에 해당하는 현세적 벌의 양을 제거하거나 경감할 수 있다는 것입니다.[32]

2. 천주교의 면죄 사상 비판

① 그들은 죄를 대죄와 소죄로 나누는데, 도대체 어느 인간이 다른 사람의 죄에 대해 이것은 소죄고, 이것은 대죄라고 나눌 수 있겠는가?

② 구원이란 아담의 타락으로 인한 원죄와 그 죄의 저주인 영원한 죽음으로 부터의 해방을 의미하지, 자범죄와 관련된 것이 아닙니다. 그런데, 천주교의 교리는 인간의 구원문제가 자범죄(자기의 행위)에 관련되어 있는 것으로 가르치니, 이것은 기독교적 견해가 아니라, 자기 행위로 구원을 얻어 보려는 다른 모든 자력 종교에 해당하는 것입니다.[33]

---

32) 존 오브라이언, op. cit., pp.260-262.

33) 유선호, 「천주교도 기독교인가?」, 재판(서울 : 할렐루야서원, 1998), p.207.

③ 죄와 벌을 구분해서 용서해 주는 것은 비성경적이며, 형벌의 제거가 없는 용서란 거짓입니다. 예를 들어, 대통령이 어떤 죄수에게 사면령을 내렸는데,"당신의 죄는 용서합니다. 그러나 당신이 지은 죄에 대한 벌은 받아야 하니까 감옥에서 남은 형기를 치루시오"라고 했다면, 그것은 무슨 용서겠습니까? 그것은 다만 사람 약 올리는 말장난에 지나지 않습니다.[34]

④ 자기가 지은 죄에 대한 벌을 면하기 위하여 무엇인가를 해야 한다(즉 보속을 해야 한다)는 천주교의 사상은 성경적인 말이 아닙니다. 성경은 말하기를"믿음으로 말미암아 의롭다함을 받을 수 있다(롬 3:20~28)"고 말하고, 그렇기 때문에 그것이 은혜로 된 것이라고 말하고 있습니다.

당신이 무엇인가를 해야 죄의 용서를 받고 그 벌을 면할 수 있다고 하는 말은 하나님의 말이 아니라 마귀의 말입니다. 다만 하나님께 자백하기만 하면 하나님은 죄를 용서하시고 모든 죄에서 깨끗케 해주십니다(요일 1:9).[35]

⑤ 천주교의 면죄 사상은 그리스도와 마리아와 성인들의 공

---

34) Ibid., p.197.

35) Ibid., pp.197-198.

로를 동일시하고 있는데, 이것은 예수그리스도의 십자가 보혈 공로를 인간들의 선행과 같은 것으로 취급하고 있으므로, 이는 분명 그리스도의 구속을 부인하는 적그리스도 사상입니다.

어떻게 마리아와 소위 성인이라는 자들의 선행이나 공로가 그리스도의 것과 같은 성질의 것일 수 있습니까? 이것은 그리스도를 평범한 인간으로 끌어내리는 것이 아니면, 마리아와 성자 같은 자들을 그리스도처럼 신격화하는 것입니다.[36] 더구나 그 공로들을 교황이 맘대로 나눠준다니…… 이것은 분명 중간 대리자를 필요로 했던 희랍(헬라) 신화의 신(神)관념에서 흘러들어 온 것입니다.[37]

3. 면죄부 비판

a. 면죄부란 무엇인가?

① 면죄부란 곧 속죄표를 의미하는데, 받아야 할 보속(죄에 대한 보상)을 돈으로 대신한 증거를 의미합니다. 즉 죄에 대한 보상을 하기 위해 고행이나 성지 순례, 금식, 선행, 자학 등 여러

---

36) Ibid., p.199.

37) 기독교대백과사전 편찬위원회 편, 「기독교대백과사전」, 제2권, 재판(서울 : 기독교문사, 1981), p. 382.

가지를 해야 했는데, 돈으로 그런 것을 대신하였던 것입니다.[38]

② 자신의 죄 뿐 만아니라, 연옥에 간 친척이나 친구를 위해서도 이 면죄부를 샀는데, 그렇게 하면 연옥에서 고통 중에 있는 사람들의 형벌을 경감하거나 제거해 준다는 것입니다.[39]

③ 이 면죄부(속죄표)는 1091년 10월 12일 교황 우르반 2세에 의해 처음으로 나타났고,

④ 종교개혁 당시에는 성 베드로 성당 건축비를 충당키 위해 레오 10세가 면죄부(속죄표)를 만들어서 판매하였습니다.[40]

b. 면죄부 비판

① 돈을 내면 죄를 용서해 준다는 사상은 분명히 비성경적입니다. 성경에는 보석금이 없습니다.

② 천주교의 어떤 분은, 헌금한 사람들에게 "헌금 수령 증서"를 주었는데, 이것이 와전되어서 허무맹랑하게 "면죄부"를 사면 죄가 용서된다고, 잘못 전달되었다고 주장했습니다.[41]

---

38) B. K. 카이퍼, 「세계기독교회사」, 김해연 역, 5판(서울 : 성광문화사, 1980), pp. 190-191.

39) Loc. cit.,

40) 「기독교대백과사전」, 제6권, pp. 96-99.

41) 박도식, 「천주교와 개신교」, pp. 41-43.

그러나 그와 같은 주장은 기가 막힌 변명인 동시에 역사적인 사실들을 모른척하는 뻔뻔스런 궤변일 뿐입니다. 헌금했다는 표시로 면죄부를 준 것이나, 면죄부를 판 것이나 다른 것은 없습니다. 다만, 돈으로 죄를 사할 수 있고, 죄의 벌을 대신 갚을 수 있다는 천주교의 주장이 문제입니다.

③ "헌금 수령증서"는 무슨 뚱딴지같은 이야기 입니까? 종교개혁 당시의 면죄부 세일즈맨이었던 테첼은 이렇게 면죄부를 선전하며 판매하였었는데 …. "당신이 그 상자에 돈을 떨어뜨리는 순간 당신의 어머니의 영혼은 연옥에서 뛰어 나올 것이다."[42]

④ 더구나 당시 면죄부 판매의 표면적인 목적이 성 베드로 성당의 재건이었으나, 비밀 조정에 의해 독일 지역 매상고의 절반이 마인츠의 젊은 대주교 알베르트에게 돌아가기로 되어 있었습니다. 당시 알베르트는 급속한 승진을 위해 수많은 고위 성직자들에게 뇌물을 주었기 때문에 많은 빚에 시달리고 있었습니다.[43]

⑤ 그것은 옛날이야기라고 말할 사람도 있을 것입니다. 그러나 그렇지 않습니다. 종교개혁 이후에 열린 천주교의 "트렌트

---

42) B. K. 카이퍼, op. cit., p. 191-192.

43) 기독교대백과사전 편찬위원회 편, 「기독교대백과사전」, 제5권, 재판(서울 : 기독교문사, 1983), p. 372.

회의"에서 면죄부의 남용은 인정하나 제도로서는 옳은 것이라
고 결정하였습니다.[44]

결국 그들은 필요하다면, 언제든지 면죄부를 발행할 준비를
해놓고 있는 셈입니다. 돈으로 연옥에 가서 받을 형벌을 대신하
려 하다니, 도대체 속이는 자가 영리한 것인지 속는 자가 미련
한 것인지 알 수가 없습니다.

---

44) 이종기 편, op. cit., p. 320.

제2절 교황권의 이교적 기원과 적그리스도성

우리는 앞에서 교황에 대한 천주교의 주장들이 성경적 근거
가 없는 것은 그만 두고라도, 그 내용이 실로 인간을 신격화시
키고, 절대화시키는 것이며, 그리스도를 모욕하고 그리스도의
자리를 대신 차지하고 있는 것임을 알아보았습니다. 이제 우리
는 교황권은 다름 아닌 이교도에서 온 것이요, 적그리스도적인
것임을 알게 될 것입니다.

A. 교황권의 이교적 유래

교황권이 이교도에게서 온 것이라는 것을 보여 주는 증거들
을 몇 가지만 지적해 보고자 합니다.

1. 그 명칭(이름)

교황은 많은 이름을 가지고 있는데, 그중에서 "최고 고위 사
제"라는 이름과 "아버지(Papa, Pope)"라는 이름이 있습니다.

a. 최고 고위 사제

최고 고위 사제는 "최고 승원장(pontifex maximus)" 또는 "총대

주교"라고도 하는데, 이것은 원래 이교도 대제사장을 가리키는 말이었습니다. 즉 로마제국 내에는 많은 이방 신들을 섬기는 신전과 사제들이 있었는데, 그 이교도 사제의 최고 우두머리를 "최고 승원장(최고 고위 사제, pontifex maximus)"이라고 하였습니다.

그런데 주전 63년에 로마 황제 줄리어스 시저가 "최고 승원장"으로 인정되어, 황제와 "최고 승원장"을 겸하여 정치와 종교의 최고 지도자가 되었으며, 그 후 로마 황제들은 계속하여 "이교도의 최고 승원장"직을 계속하여 왔습니다.

그러다가 기독교인이었던 그라시아노(Gratian) 황제가 "그 명칭과 직무를 우상적이고 참람된 것"으로 여겨서 최고 승원장 되기를 거절하였습니다(주후 376년).

그리하여 그때에 로마의 주교인 다마수스(Damasus)가 비밀 종교의 공식적인 최고 사제인 최고 승원장(pontifex maximus)으로 선출되었습니다.(주후 378년)

그리하여 로마 주교(교황)가 이교도의 최고 머리가 되고 동시에 기독교의 최고 머리가 되었습니다. 즉 이교도와 기독교의 물줄기가 하나가 되어 흐르게 되었고, 그리하여 천주교(카톨릭)가 산출된 것입니다.

이교도+기독교=천주교

이 최고 승원장 명칭은 바티칸 구석에 있는 문들에서 즉, 성 베드로 성당 입구, 베드로 상 위, 둥근 천장, 희년에만 열리는 성년문 위 등의 비문에 나타나고 있습니다. 종교개혁 직전 교황 레오 10세가 주조한 메달은 교황이 최고 승원장(pont. max.) 명칭을 사용한 예입니다.

어떻게 한 사람이 교회의 머리가 되고 동시에 이교 비밀 종교의 머리인 최고 승원장직을 수행할 수 있습니까?[45]

b. 파파(papa, pater patrum)

지난해(1985년 5월) 교황이 한국의 광주 "무등 경기장"에 갔을 때, TV를 통해서 예행 연습하는 광경을 보았습니다. 한 신부가 나와서 운동장에 모인 관중들에게 자기를 따라서 "비바 파파(viva papa, 아버지 만세, 교황 만세)를 크게 외치라고 연습시키고 있었습니다.

그것은 과연 가관이었습니다. 로마의 비밀 종교인 미트라경배(Mithraism)는 한 때는 로마제국의 거의 유일한 신앙이 되었었는데, 그 우두머리 사제를 파테르 파트룸(pater patrum), 즉

---

45) 랄프 우드로우, op. cit., pp. 148-150.

"아버지 중의 아버지"라고 칭하였습니다.

이 칭호에서 직접 차용하여 로마 천주교의 수장을 아버지 혹은 교황 - 아버지 중의 아버지 - 라 하는 것입니다.[46]

이교 최고 성직자를 갈대아(Chaldean)어로 "페테르(peter)"라고 하는데, 이는 "해석자(즉 비밀들의 해석자)"를 의미하는데 그들은 그것을 베드로(peter)와 동일시 시켜서 최고 승원장직을 로마 교황이 장악하게 되었습니다.

그러나 사도 베드로를 로마의 페테르(peter)로 만들기 위해 그들은 베드로가 로마에 있었다고 가르쳐야만 했습니다. 그래서 4세기 이후에는 베드로가 로마의 첫 번째 주교였다는 이야기가 나돌게 되었었습니다.[47]

2. 열쇠

로마의 비밀 종교인 "미트라"에서는 태양신이 두 개의 열쇠를 가졌습니다. 황제가 신들의 후계자요, 동시에 비밀종교의 최고 승원장이라고 주장할 때, 이 열쇠가 그의 권위의 상징물이 되었었습니다. 후에 로마 주교가 378년경 최고 승원장이 되었을 때,

---

46) Ibid., pp. 153-154.

47) Ibid., p. 150.

그는 자동적으로 이 신비적인 열쇠들의 소유자가 되었습니다.

그리고 그들은 〈마 16:19〉의 베드로에게 천국 열쇠를 주었다는 내용을 빙자하여 431년에 가서는, 교황은 자기가 소유한 열쇠는 사도 베드로에게 주어진 것이라고 주장하였습니다. 이것은 교황이 최고 승원장이 되어 열쇠를 소유한지 50년 후의 일입니다. 이것은 열쇠를 가지고 문들을 지키고 있는 야누스 신과 흡사합니다.[48]

3. 어두관(주교관)

교황과 주교들이 쓰는 주교관(어두관)은 물고기 신인 다곤신 경배에서 유래하였습니다. 레이야드는 "바벨론과 니느웨"란 책에서 "물고기의 머리가 사람의 머리 위에서 주교관(Mitre)의 모습을 하고 있고, 비늘로 되어 있는 부채 비슷한 꼬리가 밑을 덮는 망토 같이 늘어져 있으며 인간의 수족을 들어내 보이고 있다."라고 설명하였습니다.

후에 이것이 발전함에 따라 바로 윗부분의 물고기가 아가리를 약간 벌리고 있는 모습이 주교관으로 남게 되었습니다.[49]

---

48) Ibid., pp. 152-153.

49) Ibid., pp. 154-155.

H. A. 아이언사이드(Ironside)는 "교황이야말로 바벨론 비밀 종교의 대사제의 직계 후계자이며 어신(魚神) 다곤의 신하다. 그 이유는 교황이 우상숭배하던 전임자처럼 옷을 입고 어부의 반지를 끼고 있기 때문이다."라고 하였습니다.[50]

4. 영대(pallium)

사전에 따르면, 교황이 어깨에 걸치고 있는 영대(pallium-어깨에 걸치는 제사복)는 기독교 이전에 그리스와 로마의 이교도 성직자가 입은 제복(제사 지낼 때 입는 옷)이라고 정의되어 있습니다. 교황은 이것을 주교들에게 보내기 전, 베드로의 무덤이라고 추측되는 곳에 밤새도록 놓아둡니다. 이런 습관은 그리스인들 사이에 행해졌던 이교주의를 모방한 것입니다.[51]

그런데 요즘은 일부 기독교 목사들이, 천주교의 영대를 변형시킨 "스톨(혹은 후드)"이라는 것을 어깨에 늘어뜨리고 예배를 인도하는 것을 봅니다. 정말 무식한 교권주의자들이 아닐 수 없습니다.

---

50) Ibid., pp. 155-156.

51) Ibid., p. 157.

5. 베드로의 의자

오랫동안 천주교는 베드로가 로마에 있을 때 앉아서 일을 보던 의자를 가지고 있다고 주장하였으나, 카톨릭 백과사전에 의하면 그 의자 전면에 있는 판화는 이교도 신인 헤라클레스와 그 신화에 나오는 전설적인 동물들이고, 헤라클레스는 니므롯(바벨탑을 쌓고 자기를 신격화시킨 사람)과 관련되어 있습니다. 1968년 7월 교황 바오로의 명에 의해 과학위원회가 탄소연대 측정법과 여타의 방법에 의해 조사한 결과 이 의자는 9세기 이상 오래된 것이 아니라고 단안을 내려 보고했습니다.[52]

6. 베드로 청동상과 교황 행렬

성 베드로 성당의 주 제단 근처에는 베드로의 것이라 추측되는 대형 청동상이 세워져 있는데, 사람들이 그 발에 무수히 입을 맞추어서 발가락이 거의 달아 없어졌습니다.

이 우상에게 입 맞추는 관습은 이교주의에서 차용한 것입니다. 또한 우상들을 운반하는 종교 행렬이 있었고, 또 사제들을 경배하는 군중 사이로 운반하곤 하였는데, 이것에서 교황 행렬

---

52) Ibid., pp. 157.-158.

과 행렬용 부채가 유래 된 것입니다.[53]

B. 교황권의 적그리스도성

1. 교황의 칭호 중에서

"그리스도의 대리자"라는 교황의 라틴어 칭호는 VICARIUS FILII DEI인데 그것을 숫자로 표시하면 아래와 같이 666, 적그리스도의 숫자입니다(계 13:11-18).

V = 5	F = 0	D = 5 0 0
I = 1	I = 1	E = 0
C = 1 0 0	L = 5 0	I = 1
A = 0	I = 1	
R = 0	I = 1	
I = 1		
U = 5		
S = 0		
112	+ 53 +	501 = 666

---

53) Ibid., pp. 158-163.

그리고 로마 천주교의 본부는 "로마"에 있는데, "로마"의 희랍어 (Greek, 그리스어, 헬라어) "라테이노스($\lambda\alpha\tau\acute{\epsilon}\iota\nu o\varsigma$)"는 666(30+1+300+5+10+50+70+200=666)이며, 천주교의 공용어인 라틴어에 있어서 숫자로 환산될 수 있는 문자들은 모두 여섯 개(D, C, L, X, V, I)뿐인데, 그것을 모두 합하면 666(500+100+50+10+5+1=666)이 되며, 또한 신약성경의 헬라어(희랍어, Greek) 원문 중 666의 수치를 가진 유일한 명사 단어가 있는데, 그것은 바로 "유전(전통, 전승, 구전, 성전, 파라도시스 $\pi\alpha\rho\acute{\alpha}\delta o\sigma\iota\varsigma$)"라는 단어입니다.

이 천주교의 유전은 천주교의 교리를 비성경적 적그리스도적 교리로 부패시켰던 것입니다. 또한 교황(파파, papa)은 바로 이교도 사제의 우두머리의 칭호였다는 사실은 교황의 적그리스도성을 한눈에 보여주는 것입니다.[54]

2. 교황의 특징으로 보아서

숫자적인 상징보다도 더 중요한 것은 바로 "교황" 그 존재의 특성이 그리스도의 자리를 차지하고, 그리스도의 능력과 은혜

---

54) Ibid., pp. 188-191.

를 가로채고, 그리스도께서 받아야할 영광을 대신 받는 적그리스도적 존재라는 사실입니다. 그리하여 루터나 칼빈 등 개혁자들은 교황을 적그리스도로 지적하였고 그것은 지금까지 기독교인들에게 유력한 견해가 되어 왔던 것이며,[55] 그들은 교황권 밑에는 하나님의 참된 교회가 있을 수 없다고 보았습니다.[56]

요한계시록 17-18장에 나오는 음녀 곧 바벨론은 다름 아닌 우상숭배와 이교도와 혼합되어 종교적 간음을 행했던, 배교의 도시 로마를 의미하고 있는 것입니다.[57]

장로교는 웨스트민스터 신앙고백 제25장 6조에서 "교황은 적그리스도적 존재"라고 못박고 있습니다. 〈살후 2:4〉

---

55) 이상근, 「공동서신주해」, 7판(서울 : 대한예수교장로회 총회교육부, 1976), p. 297.

56) 지원용, 「루터의 종교개혁」, 5판(서울 : 컨콜디아사, 1980), p. 229.

57) 이상근, 「요한계시록 주해」, 7판(서울 : 대한예수교장로회 총회교육부, 1977),
    pp. 199-214.

제3절 신부(사제)의 카리스마화(Charisma化)

천주교의 신부를 사제라고 합니다. 사제라는 말은 제사장(priest)이란 뜻입니다. 제사장이란 하나님께 제물을 드려 제사를 드리는 사람인데, 천주교의 신부는 미사(미사란 말은 제사라는 뜻)를 통해 떡과 포도주를 예수로 변화시켜서, 그 예수를 희생 제물로 하나님께 드리는 일을 하기 때문에 사제라고 불리는 것입니다. 천주교는 사제들을 보통의 인간이 아니라, 특별한 능력을 가진 신적 존재로 신격화시켜 버렸으며, 어떤 의미에서는 신부들이 그리스도의 자리를 대신 차지하고 있습니다.

이제 이것을 사제의 3가지 권한(사제 3권)을 중심으로 살펴보겠습니다.

A. 천주교의 사제 3권

천주교의 신부는 3가지의 기능을 가지고 있습니다. 첫째는 하나님과 인간 사이의 중보자로서의 기능이요, 둘째는 희생 제사를 드리는 일(이것을 축성권이라고 함)이요, 셋째는 죄를 용서해주는 일(사죄권이라고도 함)이 바로 그것입니다.

1. 신부의 중보직

a. 천주교의 주장

대개 알고 있으시겠지만, 우리 기독교에는 세례와 성찬의 두 가지 성례가 있습니다. 그러나 천주교에는 7가지의 성례(성사)가 있습니다.

1439년 플로렌스 회의(The Counsil of Florence)에서 공적으로 채용한 7성례는 곧 "신품성사(Ordination), 견진성사(Confirmation), 혼사성사(Matrimony), 영세성사(Baptism), 성체성사(Eucharist), 종부성사(Extreme Unction), 고해성사(Penance)"입니다.[58]

그런데 그들은 주장하기를 "성사(성례)는 은혜를 상징할 뿐만 아니라 은혜를 유효하게 전달하는 능력을 지닌 것이다."고 주장합니다.[59]

더 나아가서 그들은 주장하기를 "사제는 우선적으로 그리스도와의 성사적 접촉의 수단이다. 그리스도인은 성사 안에서 하나님을 만난다. 그리고 그리스도는 사제만을 통해서 당신의 성사적 현존을 유지하신다."고 합니다.[60]

---

58) 벌코프, 「기독교 교리사」, 김진홍 · 김정덕 공역(서울 : 세종문화사, 1972), p. 254.

59) 헨리 디이슨, 「조직신학강론」, 권혁봉 역, 5판(서울 : 생명의말씀사, 1982), p.665.

60) R. 로울러, D. 우얼, T. 로울러, op. cit., p. 462.

이런 주장들을 좀 쉽게 설명해 본다면, "하나님의 모든 은혜가 오직 천주교의 성례 의식을 통해서만 온다. 즉 천주교의 성례의식 외에는 하나님의 은혜나 구원을 받을 길이 없다. 그런데 이 성례식은 신부들에 의해서만 거행되기 때문에, 결국 사죄(죄의 용서)와 그 외의 모든 은총이 오직 신부들의 중보를 통해서만 얻어지게 된다. 따라서 신부들을 떠나서는 구원을 얻을 수가 없게 된다. 또 천주교 밖에서는 구원이 있을 수 없다"는 주장입니다.

b. 비 판

이러한 주장은 신부들로 하여금 그리스도의 자리에 대신 앉게 하는 것이요, 사람들의 영혼을 하나님의 손이 아닌 한낱 무능한 인간의 손에 떨어지게 하는 것입니다.[61] 의식이 은혜의 전달 수단이라는 것도 하나의 미신에 지나지 않습니다.

저들의 주장과는 달리 성경은 모든 은혜가 하나님 아버지와 그리스도로로부터 오는 것이요(요 1:17, 고전 1:3, 고후 1:2, 갈 1:3, 빌 1:2, 골 1:2, 딤전 1:2), 하나님과 인간 사이의 유일한 중보자는 예수 그리스도이심을 말하고 있습니다(딤전 2:5). 하나님의 은혜와 구원이 마치 신부를 통해서만 오는 것처럼 주장하는 것

---

61) 알렌산더 스튜어트, op. cit., pp.57-58.

은, 미개한 사회의 무당들이 자신들을 신격화시켰던 것처럼, 자신들을 무슨 특별한 능력을 가진 초인 내지는 신적 능력을 가진 존재로 과장시키고 있는 것이며, 그리스도의 유일한 중보직을 탈취하고 있는 것입니다.

신부(사제)가 도대체 뭡니까? 왜 하나님의 은혜나 구원이 그들의 손에 좌우되어야만 합니까? 이것은 말도 안 되는 거짓입니다. 오직 신부들도 죄인들이요 우리와 똑같은 인간일 뿐입니다. 자신들을 신적 중보자로 생각하는 과대망상증만 빼고는 ….

2. 신부의 축성권(희생제사 드리는 제사장의 기능)

a. 천주교의 주장

축성권이란, 성찬식의 떡과 포도주를 예수 그리스도로 변화시켜서 그 예수 그리스도를 하나님께 제물로 바치는 제사의 기능을 말합니다. 즉 천주교 신부에게만 예수를 제물로 바칠 권리가 있다는 것입니다. 저들은 이것을 사제직의 최상의 권능이라고 말하고 있습니다. 이것에 대한 천주교 신부의 주장을 그대로 인용해 보겠습니다.

「사제직의 최상의 권능은 축성권이다. 성 토마스는 "그리스도의 몸을 축성함보다 위대한 행위는 없다"라고 말한다. 성직의 이 본질적인 면에 있어서는 사제의 권능은 주교나 대주교나 추기경이나 교황의 그것보다 못하지 않다.

이것은 온전히 그리스도의 그것과 동등이다. 이때 사제는 천주 그 분의 목소리와 권위로 말하는 까닭이다. 사제가 축성하는 놀라운 말을 말할 때 그는 하늘에 닿아 그리스도를 옥좌로부터 제대 위에 모셔 내려와 다시 인간의 죄를 위한 희생으로 봉헌한다. 이는 군주나 황제의 그것보다 우월한 권능이다.

이는 성인과 천사들의 그것보다 우월하며 세라핌과 케루빔의 그것보다 위대하다(세라핌=스랍, 케루빔=그룹, 모두 다 천사의 일종이다). 실로 이는 동정녀 마리아의 권능보다도 위대한 것이다.

즉 복되신 동정 성모의 그것은 그리스도께서 오직 한번 강생하신바 인간적 매개인데, 사제는 그리스도를 하늘로부터 모셔와 인간의 죄를 위한 영원한 희생으로써 제대 위에 현존케 하며, 그것도 한번이 아니라 몇 천 번이라도 하는 까닭이다. 사제가 말한다. 그때 보라! 그리스도, 영원하고 전능하신 천주께서 사제의 명령에 공손히 복종하여 머리를 숙인다.」[62]

---

62) 존 오브라이언, op. cit., pp .331-332.

b. 비 판

위의 내용을 읽어보면, 하나님의 진리를 조금이라도 아는 사람이라면 틀림없이 그리스도가 수 천 번씩 살육당하고, 하나님과 그리스도를 축출하고 그 위에 왕으로 군림하는 사제들을 볼 수 있고, 사제 앞에서 맥없이 고개 숙인 그리스도를 보았을 것입니다. 그리스도를 하루에도 몇 번씩 살해하고 그 피와 살을 희생 제물로 바치는 미사와 이를 집행하여 하나님께 명령하고 하나님 위에 군림하고 있는 사제직이 성서적이요, 순수한 그리스도의 가르침에 유래하였다고 상상인들 할 수 있겠습니까?

이것은 그리스도의 십자가 구속을 부인하는 행위요(십자가에서 단번에 우리 모든 죄를 책임지셨는데도, 저들은 그게 부족하다고, 몇 천 번이고 다시 십자가 희생을 반복하므로), 그리스도 살해죄요, 모독죄요, 우상숭배이며, 미신이고 종교적 사기죄로 정죄되어 마땅하다고 생각합니다.

하나님 우편에 앉아 계신 주 예수 그리스도를 떡과 포도주로 만들어서 하나님께 바치고, 자기들의 입으로 씹어 먹는다고……? …… 생각만 해도 끔찍합니다.

3. 신부의 사죄권

a. 천주교의 주장

천주교는 예수께서 부활하신 후 몇 일 후에 사도들에게 사제들만의 특권인 사죄권을 주었다고 주장하고 그 근거로써 〈요 20:21-23〉을 들고 있는데, 그 성경 내용은 다음과 같습니다.

"예수께서 또 가라사대 너희에게 평강이 있을 찌어다. 아버지께서 나를 보내신 것 같이 나도 너희를 보내노라. 이 말씀을 하시고 저희를 향하사 숨을 내쉬며 가라사대 성령을 받으라 너희가 뉘 죄든지 사하면 사하여질 것이요 뉘 죄든지 그대로 두면 그대로 있으리라 하시니라(요 20:21-23)"

b. 비 판

우리는 신부의 사죄권에 대해 다음의 세 가지 문제가 제기된다고 봅니다.

첫째 : 〈요 20:21-23〉이 과연 신부 특유의 사죄권을 의미하는가?

둘째 : 성경에 신부들이(혹은 사도들이) 사죄권을 행사한 적이 있는가?

셋째 : 사죄권이 신부들에게 대대로 전수된다는 성경적 근거

가 있는가?

만약 〈요 20:21-23〉이 사죄권을 말하는 것이라면, 〈마 16:19〉에서는 베드로에게만 사죄권을 주었고, 〈요 20:21-23〉에서는 모든 사도들에게 주었고, 〈마 18:15-19〉에서는 온 교회〈모든 성도〉에게 똑같은 권한을 주었다는 사실을 알 수 있습니다. 그렇다면 이것은 베드로나 12사도에게 뿐만 아니라, 성령을 통해 모든 신자에게 주신 말씀인 것입니다.[63]

인간의 죄를 용서하실 수 있는 분은 오직 하나님 한 분 뿐인 것은 상식적인 이야기입니다. 사도들도 자기들의 이름으로 사죄권을 행사한 것이 없습니다. 신부들이 마치 자기들이 인간의 죄를 용서할 특권이 있는 듯이 하는 것은 그리스도의 사죄권을 탈취하는 행위입니다.

신부에게 죄를 고백하고 신부가 "당신의 죄를 용서한다"고 선언한다고 해서 죄가 용서된다고 믿는 어리석은 사람들이 지금도 있다니 정말 어이없을 뿐입니다.

"사제가 죄를 사하는 효력은 그리스도의 입술로부터 이 말씀

---

63) 이상근, 「요한복음 주해」, 7판(서울 : 대한예수교장로회, 총회교육부, 1975), pp. 352-353.

이 떨어짐과 꼭 같다. 사제의 손은 하늘 저쪽 나라까지 미쳐 금 열쇠로써 천주의 자비와 사죄의 보고를 열어 이를 인간 영혼들에게 나눠 준다."[64] 고 주장하는 사람들은 어서 꿈에서 깨라고 권하고 싶을 뿐입니다.

더구나 다음과 같은 주장들을 볼 때 그들은 사죄권을 하나님에게서가 아니라 교황이나 주교와 같은 인간들에게서 받은 것임을 밝히 알 수 있습니다.

"고백성사(고해성사)를 집행하는 사제는 특수 긴급 사태에서가 아니면 지방주교한테서 사죄권을 받은 자라야 합니다."[65]

"고해 신부마다 모든 죄를 사면 할 수 없다. 특정한 중죄를 사면할 수 있는 권한은 일반적인 관례로서 주교나 로마 교황청에 맡겨져 있으며, 이러한 경우에 고해신부는 죄를 사면할 수 있기에 앞서서, 주교나 교황청으로부터 그가 용서해 줄 수 있는 특별 권한을 요청하여야 할 것이다."[66]

그렇다면 주교나 교황이 하나님이라는 말과 다를 바가 없는

---

64) 존 오브라이언, op. cit., p. 329.

65) R. 로울러, D. 우얼, T. 로울러, op. cit., p. 509.

66) 기독교대백과사전 편찬위원회 편, 「기독교대백과사전」, 제1권(서울 : 기독교문사), pp.921-922.

것입니다. 신부들은 자동차 운전 면허증을 받듯이, 교황이나 주교에게 신청하여 사죄권을 받는다는데 … , 이런 것을 믿고 있는 문화인이 있다는 사실이 믿어지지 않을 뿐입니다.

B. 천주교 사제직의 죄악

천주교의 주장대로라면, 우리는 신부들이 없이는 하나님의 은혜를 받을 수도 없고, 죄를 용서받을 수도 없으며 구원받을 수도 없습니다. 그리하여 그들은 "신부들은 또 하나의 그리스도"라고 다음과 같이 주장하고 있습니다. 이 얼마나 엄청난 일입니까?

"사제직은 별개의 성사(성례)로 수여되는 것이며, 이 성사에 의하여 사제는 갱신의 도유로써 특별한 영적 인호가 새겨지고 이로써 머리이신 그리스도의 사제의 힘은 그리스도만이 할 수 있는 행동을 이행하는 독특한 능력에 기초를 둔다. 축성된 빵을 봉헌하는 사제를 볼 때에 우리는 그의 손에서 그리스도 자신의 손을 본다.[67]

그는 그리스도의 본질적 사명을 계속하고 그리스도의 권위로 가르치며 그리스도의 권능으로 통회하는 죄인의 죄를 사하고, 일찍이 그리스도께서 갈보리에서 봉헌한 바 흠숭과 속죄의 제사를 또 다시 제헌한다.

---

67) R. 로울러, D. 우얼, T. 로울러, op. cit., p.460.

그러니 만큼 영신적 작가들이 사제들을 '또 하나의 그리스도(alter christus)'라고 부르기를 즐기는 것도 당연하다. 사제야말로 또 하나의 그리스도이며, 또 하나의 그리스도이어야 하는 까닭이다."[68]

이제 우리는 진상을 안 것입니다. 저들의 소망은 그리스도께 영광을 돌리는 것이 아니라, 자기들이 그리스도의 자리에 앉기를 원하는 것이며, 바로 자신이 그리스도가 되기를 원하는 것입니다.[69]

제임스 배너만 박사(Dr. James Bannerman)는 말하기를 "천주교의 가장 큰 죄는 여기 있다. 곧 하늘에서나 땅위에서나 하나님의 아들 외에는 아무도 합당하지 않은 제사장의 칭호를 그들이 스스로 가로채고 외람되게도 창조자와 피조물 사이에 서서 제사장 직분을 사람들 위에 행사하는 이것이다."[70] 라고 하였습니다.

또 '하나의 그리스도'라고 스스로를 거룩한 제사장으로 자처하는 신부들이건만, 역사를 보면 거룩한 독신 생활 뒤에는 더

---

68) R. 로울러, D. 우얼, T. 로울러, op. cit., p.332.

69) 유선호, 「천주교도 기독교인가?」, 재판(서울 : 할렐루야서원, 1998), p.182.

70) 알렉산더 스튜어트, op. cit., pp.60-65.

럽고 음탕한 부패가 있었습니다. 이 사실을 "라프 우드로우"의 「로마 카톨릭주의의 정체」 라는 책에서 조금만 인용해 보겠습니다.

"교황 바오로 5세가 '거룩한 도시(Holy City : 로마를 의미)'에서 허가를 받아 영업하는 유곽들을 억제하려고 할 때, 그러한 사창가를 두는 것이 사제들이 자기들의 부인들과 딸들을 유혹하는 것을 막는 유일한 방법이라는 이유로 로마 원로원이 그 방침을 집행치 못하도록 탄원하였다."〈히슬롭(Hislop), 두 개의 바벨론(The tow Babylones), p. 220.〉

그 당시의 로마는 이름만 "거룩한 도시"이었을 뿐이다. 인구 100,000명을 초과하지 않는 도시에 약 6,000명의 매춘부들이 있었다고 한다〈듀란트(Durant), 문명이야기 : 종교개혁(The story of civilization : The reformation), p. 21.〉.

역사가들은 우리에게 "모든 성직자는 정부(情夫)들을 두고 있었고 카피톨(Capitol-옛 로마의 쥬피터 신전)의 모든 수녀원은 매춘 굴로 악명이 높았다"라고 말하고 있다〈드어빙(D'Aubigne), 종교개혁사(History of the reformation, p. 11)〉.

교황 그레고리의 명령으로 로마에 있는 한 수녀원 근처에 자리를 잡고 있는 물고기 연못에서 물을 빼낸 바 있었다. 그 결과 연못 바닥에서 6,000의 유아 두개골이 발견되었다.

추기경 베드로 디아일리(D'Ailly)는 수도원들의 부도덕성을 차마 묘사할 수 없고, 그 "베일을 걷어치우면그것은 또 하나의 공창(公娼) 양상에 불과하다"고 말한 바 있었다.

9세기에는 강간이 너무 심하여 성 데오도레 스튜디타(St. Theodre studita)는 동물 암컷 조차도 수도원 재산으로 두는 것을 금지하였다. 1477년에 공창가에서 볼 수 있는 것보다 더 사악한 것으로 역사에 기록되어 있는 밤 무도회 및 질탕한 주연과 난행이 케르하임(kercheim)의 카톨릭 수도원에서 열렸다〈플릭(Flick), 중세 교회의 쇠퇴(The Decline of the Medieval Church), p. 295〉.

사제들은 "모든 여자들의 남편들"로 알려졌다. 함부르크(Hamburg)의 대주교인 귀족 알베르트(Albert)는 그의 사제들에게 "만약 당신들이 순결하지 못한다면 최소한 들키지 않도록 조심하시오"라고 권고한 바 있다.

또 다른 독일의 한 주교가 자기 교구의 사제들이 두고 있는 태어난 아이마다 과세하기 시작했다. 그는 자기 교구의 사제들이 11,000명의 여인들을 두고 있는 것을 알아냈다〈드어빙(D'Aubigne), 종교개혁사 (History of the reformation, p. 11)〉.[71]

우리들은 신부들이 과거의 역사처럼 그렇게 모두 음탕하고 더러운 위선자들이라고 못 박을 수는 없을 것입니다. 그러나 과거에 그런 일들이 있을 수 있었다는 것은, 부패한 거짓 교리는 결국 부패하고 거짓된 죄악을 낳을 수밖에 없다는 필연성을 말해주고 있는 것입니다.

지금까지 우리는 천주교의 뼈대라고 할 수 있는 교황과 신부(소위 가르치는 교회로서 교계제도의 중추 핵심임)에 대하여 살펴본 결과, 그 기초가 순전히 허구요, 그 성격은 적그리스도적임을 알 수 있었습니다. 그럼에도 불구하고, 그들은 자기들만 유일한 정통 그리스도교이고, 천주교 외에는 구원이 없고, 모든 기독교는 하나님의 인가도 받지 않은 인조종교이므로, 인조종교(기독교)를 버리고 천주교를 믿어야 한다고 주장하고 있습니다.[72]

---

71) 랄프 우드로우, op. cit., pp.218-219.

72) 존 오브라이언, op. cit., pp.78-102.

참으로 적반하장도 분수가 있어야 하지, 이런 주장은 2000년 기독
교 역사에 있었던 모든 이단들의 주장과 다를 바가 없는 것입니다.

제6장

다섯째 이유 | 믿음으로 구원을 얻는 것을 부인하기 때문이다

사람이 의롭게 되는 것은 율법의 행위에서 난 것이 아니요
오직 예수 그리스도를 믿음으로 말미암는 줄 아는 고로 우리도 그리스도 예수를 믿나니
이는 우리가 율법의 행위에서 아니고 그리스도를 믿음으로서 의롭다 함을 얻으려 함이라
율법의 행위로서는 의롭다 함을 얻을 육체가 없느니라
— 갈라디아서 2:16

너희가 그 은혜를 인하여 믿음으로 말미암아 구원을 얻었나니
이것이 너희에게서 난 것이 아니요 하나님의 선물이라 행위에서 난 것이 아니니
이는 누구든지 자랑치 못하게 함이니라
— 에배소서 2:8–9

구원에 관해서 천주교와 기독교의 가장 큰 차이점은, 그들은(천주교) 행위(선행)를 의지한다는 점이요, 우리는(기독교) 믿음에 의존한다는 것입니다. 여러분이 다 아시다시피 우리는 우리가 무슨 선을 행했기 때문이 아니라, 오직 예수 그리스도를 믿음으로 구원을 받았음을 믿습니다. 그러나 그들은 믿음만으로는 구원받을 수가 없고 선행의 공로가 있어야 한다고 주장합니다. 즉 기독교인은 오로지 주님의 은혜에 의존하고, 천주교인은 자기들의 공로(선행)에 의존합니다.

구원에 대한 저들의 주장은 대체로 다음과 같이 요약됩니다.

① 믿음만으로는 구원받을 수 없다.
② 구원은 세례(영세)를 통해서 온다.
③ 구원받았는지는 죽어봐야 한다.
④ 믿지 않는 사람도 구원받는다.

제1절 오직 믿음으로만 구원 얻는다.

A. 천주교의 신앙관 비판

저들은 주장하기를 구원은 하나님의 은혜와 인간의 행위, 이 둘이 합하여 되는 것이라고 정하고, 신앙은 하나님의 계시를 승인하는 것, 즉 교회가 가르치는 교리를 받아드리는 것이라고 규정 하였으며, 의롭다는 인정을 받는 것은 세례를 받을 때에 일어나는 일로써, 세례라는 성례전을 통하여 새롭게 되는 것이라고 합니다.[1]

여기서 우리는 우선 저들의 신앙관이 잘못되어 있음을 보게 됩니다. 저들은 주장하기를 '계시된 진리에 대한 지적 동의'를 신앙(믿음)이라고 말하지만, 성경은 말하기를 지식적으로 진리의 내용을 아는 것은 진정한 믿음이 아니라고 말하고 있습니다. 즉 귀신들도 예수님과 하나님에 대한 모든 사실들을 알고 있다는 사실입니다(약 2:19).

오히려 성경은 〈요1:12〉에서 예수 그리스도를 영접하는 것이 곧 믿는 것이라고 말하고 있습니다. 믿음이란 누구에 대하여 알

---

1) 이종기 편, 「교회사」 (서울 : 세종문화사, 1975), pp. 319-320.

고 있는 것을 의미하지 않고, 누군가를 의뢰하고 자기를 맡기를 것을 의미합니다.[2]

B. 천주교의 칭의관 비판

그들은 칭의(의롭다고 인정함)를 "주입된 초자연적인 힘으로 사람을 의롭게 만드는 것"으로 이해하고 있습니다. 또한 믿음만으로도 의롭다함을 받고 구원 받는 것이 가능하다고 말하는 자는 저주를 받아야 된다고 주장합니다.[3]

그러나 성경은 누누이 사람이 하나님께 의롭다고 인정받는 것은 자기가 무슨 선행의 공로가 있기 때문이 아니라, 그저 믿음으로 값없는 은혜로 된 것이라고 말하고 있습니다.

즉 예수께서 십자가에서 우리의 죄악을 대신하여 돌아가신 대속의 사실을 믿는 자를 하나님은 의롭다고 인정하신다는 사실입니다(롬 5:19-30, 엡 2:8-9, 갈 2:16).

"사람이 의롭게 되는 것은 율법의 행위에서 난 것이 아니요, 오직 예수 그리스도를 믿는 믿음으로 말미암는 줄 아는 고로 우리도 그리스도

---

2) 루이스 뻴콥, 「기독교신학개론」, 신복윤 역 (서울 : 은성문화사, 1974), pp. 234-235.
3) 프릿츠 리데나워, 「무엇이 다른가?」 (생명의 말씀사, 1980), p. 54.

예수를 믿나니, 이는 우리가 율법의 행위에서 아니고 그리스도를 믿음으로서 의롭다함을 얻으려함이라. 율법의 행위로서는 의롭다함을 얻을 육체가 없느니라"(갈 2:16)

"그러므로 사람이 의롭다 하심을 얻는 것은 율법의 행위에 있지 않고 믿음으로 되는 줄 우리가 인정하노라"(롬 3:26)

C. 천주교의 공덕(선행) 구원론 비판

그리하여 그들은 결국 "선행은 참으로 올바르게 공로가 있다는 것과 선행에는 어떤 특별한 보상뿐 아니라 영생 자체도 주어진다"고 주장하고 있는 것입니다.[4]

그들은 결국 예수 그리스도의 구속을 별 볼일 없는 것으로 취급하고, 오히려 자기들의 선행을 높이 치켜세운 셈이며, 이로서 그들은 타종교처럼 자력종교(자기의 선행과 노력에 의존하는 종교)로 전락한 것입니다.

그러나 하나님은 믿음으로 구원 받음을 분명하게 말씀하셨습니다(엡 2:8-9, 요일 5:13, 롬 1:17).

"너희가 그 은혜를 인하여 믿음으로 말미암아 구원을 얻었나니 이것

---

4) 기독교대백과사전 편찬위원회 편, 「기독교대백과사전」, 제1권, 재판(기독교문사, 1981), p. 966.

이 너희에게서 난 것이 아니요 하나님의 선물이라. 행위에서 난 것이 아니요 하나님의 선물이라, 행위에서 난 것이 아니니 이는 누구든지 자랑치 못하게 함이니라"(엡 2:8-9)

누구든지 믿음으로 구원받음을 부인하는 자는, 예수 그리스도를 부인하고 자기 힘으로 구원을 얻으려는 자이고, 예수 그리스도를 부인하는 자는 그것이 누구든지 이단인 것입니다. 참 신자는 자기의 전적 부패와 무능력을 깨닫고 오직 예수 그리스도의 공로에 전적으로 의지하는 것입니다.

자기의 선행이나 자기 의를 의지하는 자에게 성경은 다음과 같이 말합니다.

"대저 우리는 다 부정한자 같아서 우리의 의는 다 더러운 옷 같으며 우리는 다 쇠패함이 잎사귀 같으므로 우리의 죄악이 바람 같이 우리를 몰아가나이다"(사 64:6)

제2절 구원은 세례와는 상관이 없다.

A. 천주교의 세례관 비판

천주교는 말하기를 세례(성세성사, 혹은 영세)를 받음으로 구원을 받는다(즉 생명은총을 받는다)고 하며,[5] 하나님의 자녀로서 인침을 받는다(인호를 받는다)고 합니다.[6]

그러나 성경은 단 한 번도 세례를 받아야만 구원받는다고 말한 적이 없습니다. 사람이 하나님의 자녀가 되는 것은 세례를 받음으로서가 아니라, 예수를 구주로 믿고 영접하므로 됩니다 (요 1:12).

성경이 말하는 구원의 조건은 믿음뿐입니다. 세례는 믿고 구원 얻은 표시일 뿐 구원의 조건이 될 수 없습니다.

---

5) 박도식, 「무엇하는 사람들인가?(합본)」, 20판(가톨릭출판사, 1983), p. 290.

6) 가톨릭출판사 편집부 편, 「중요 교리 · 전례 · 용어 해설」 (서울 : 가톨릭출판사, 1979), pp. 224-230.

제3절 구원의 확신은 성경의 진리이다.

A. 천주교의 주장

천주교는 주장하기를 의롭다함을 받아 생명은총을 받은 영혼도 자기의 잘못으로 대죄 하나만 범해도 그 순간 고스란히 생명의 은총을 잃어버리고 다시 마귀의 울안으로 들어가게 된다고 하고, 그런 사람도 다시 고해성사를 통해 대죄를 용서받으면 다시 회복된다고 말합니다.[7]

저들의 말에 따르면, 구원을 얻었다, 잃었다 수시로 변동하게 된다는 것이며, 결국 죽음의 순간에야 확실히 알 수 있다는 것입니다.[8]

B. 비판

그러나 이것은 저들이 자기들의 공로를 의지하는데서 오는 필연적인 이론적 귀결일 뿐이고, 성경은 오히려 우리가 구원 얻은 것을 확실히 말해 주고 있고, 또 구원받은 사실을 알아야 한

---

7) 박도식, op. cit., p. 294.

8) R. 로울러, D. 우얼, T. 로울러, 「그리스도의 가르침」, 오경환 역, 중판
   (서울 : 성바오로출판사, 1983), pp. 542-547.

다고 말하고 있습니다.

즉 〈요 5:24〉에서 말씀하시기를 "내가 진실로 진실로 너희에게 이르노니, 내말을 듣고 또 나 보내신 이를 믿는 자는 영생을 얻었고, 심판에 이르지 아니하나니 사망에서 생명으로 옮겼느니라"고 하셨는데, 여기서 "얻었고"라는 단어는 에케이($\check{\varepsilon}\chi\varepsilon\iota$)로서 "현재형"이고 "옮겼느니라"는 단어는 메타베베케($\mu\varepsilon\tau\alpha\beta\acute{\varepsilon}\beta\eta\kappa\varepsilon$)로서 "완료형"입니다. 이 말의 의미는 믿는 자는 지금 현재 영생을 가지고 있고, 사망에서 생명으로 옮겨졌는데, 그것은 이미 완료된 상태라는 것입니다.

더구나 〈요일 5:13〉에서는 그 성경을 기록한 목적이 "믿는 자에게는 영생이 있다"는 것을 알게 하려는 것이라고 하였습니다. 얻었다, 잃었다 하는 것이 영생이라면 무엇 때문에 성경이 그렇게 말하겠습니다. 영생은 단번에 주어진 것입니다.[9]

〈요 10:28〉에서는 "내가 저희에게 영생을 주노니 영원히 멸망치 아니할 터이요 또 저희를 내 손에서 빼앗을 자가 없느니라"고 하셨습니다.

---

9) 유선호, 「천주교도 기독교인가?」, 재판(서울 : 할렐루야서원, 1998), p.224.

제4절 성경은 만인구원론을 배격한다.

A. 천주교의 주장

천주교의 교리는 모순투성이입니다. 저들은 말하기를 천주교 밖에는 구원이 없다고 말합니다. 또 믿음만으로는 안 되고 세례를 받아야 한다고 말합니다. 그러면서도 저들은 천주교 밖에서도, 더 나아가서 복음을 듣지 못한 불신자들도, 이미 믿지 않고 죽은 사람들도 구원받을 가능성이 있음을 배제하지 않습니다.

그들은 세례를 받지 않으면 구원받을 수 없다고 합니다. 그러나 세례를 받지 않았어도 혈세나 화세를 받으면 구원받을 수 있다고 말합니다. '혈세'란 천주교의 신앙이나 덕행을 지키기 위해 순교하는 것이고, '화세'란 자기가 지은 죄를 뉘우치고 영세할 뜻을 가지고 있는 것을 의미합니다.[10] 즉 그리스도의 계명은 모르되 다만 착하게 살기로 노력하며, 하나님의 뜻을 쫓으려는 무수한 사람들은 화세를 받는다는 것입니다.[11]

저들은 하나님의 구원을 자신의 탓 없이 그리스도를 믿지 않는 자들을 포함한 모든 사람에게 미치게 될 것이라고 가르칩

---

10) 박도식, op. cit., pp. 300-310.

11) 존 오브라이언, 「억만인의 신앙」, 정진석 역(서울 : 가톨릭출판사, 1983), p. 214.

니다.[12]

또한 죽은 자들에게 자기가 받은 대사(면죄)를 양보할 수 있다고 합니다. 즉 죽은 사람은 자기 힘으로 도저히 보속할 수 없으므로, 살아있는 세상 사람의 도움을 받아야 하기 때문이랍니다.[13]

B. 비 판

위의 모든 천주교의 구원론을 종합해 볼 때, 모든 인간은 다 구원받을 수 있다는 결론을 내릴 수 있습니다.

불신자 중에서 무지 때문에 예수 그리스도를 믿지 않는 사람은 거의 전부입니다. 그들도 구원받는다는 것이 천주교의 교리입니다. 더구나 무한한 그리스도의 보혈공로와 마리아 및 성인들의 공로가 무한한 하늘 창고에 쌓여 있습니다. 사제(교황)들은 그것을 나눠 줄 수 있습니다. 죽은 후에도 기회가 있습니다. 단지 사제나 교황이 말로 선언하기만 하면 됩니다.

그런데도 불구하고 구원받지 못한 사람이 있다면, 그것은 사제들 탓일 것입니다. 따지고 보면 이것은 만인구원론인 것입니

---

12) A. 덜레스 외, 간추린 생활교리, 정승현 역(서울 : 성바오로 출판사, 1980), p. 13.

13) 박도식, op. cit., pp. 350-351.

다. 천주교의 교리대로라면, 구원받지 못할 자가 누굽니까? 의도적으로 천주교를 반대하는 기독교인들뿐입니다. 그중에서도 무지로 인한 사람은 제외하고 … . 참으로 어이없는 이야기들입니다.

누구든지 다 구원받을 수 있다면, 무엇 때문에 예수를 믿는지 모르겠습니다. 인간이 행위로 인하여 구원받는다고 하며, 믿지 않아도 구원받을 수 있다는 자들은 분명코 우리와 똑같은 기독교인일 수가 없는 것입니다.

"내가 곧 길이요 진리요 생명이니 나로 말미암지 않고는 아버지께로 올 자가 없느니라"(요1:6)

"다른 이로서는 구원을 얻을 수 없나니 천하 인간에 구원을 얻을만한 다른 이름을 우리에게 주신 일이 없음이니라 하였더라"(행4:12)

제5절 천주교의 구원론은 모순투성이다.

저들은 말하기를 대죄를 지으면 지옥에 간다 하였고, 그 대죄는 고해성사를 통해서 용서받을 수 있다고 합니다. 또 영생(생명 은총)은 세례(영세)를 통해 주어지는데 세례를 받았다 하더라도 대죄 하나만 지어도 영생을 잃어버리고 마귀의 울안으로 들어가게 된다고 주장합니다.

뿐만 아니라 소죄가 계속되면 대죄로 변화될 수 있다고 말합니다. 그리하여 저들은 적어도 1년에 한번 이상은 고해 성사를 해야 한다고 하지만, 과연 그 누가 일 년 동안 지은 모든 죄를 기억할 것이며, 대죄인지 소죄인지 구분하여, 소죄가 지금 얼마나 쌓여서 대죄가 될 위험 수위에 미치고 있는지 알 수 있겠습니까?

또 대죄를 지은 후 어떠한 이유로든지 고해성사를 하지 못하고 죽은 자는 어떻게 되는가? 어떻게 보면 하나도 구원받을 자가 없고, 또 어떻게 보면 모든 사람이 구원받을 수 있는 모순이 바로 천주교의 교리인 것입니다.

여섯째 이유 | 연옥설을 주장하기 때문이다

이에 그 거지가 죽어 천사들에게 받들려 아브라함의 품에 들어가고 부자도 죽어 장사되매
저가 음부에서 고통 중에 눈을 들어 멀리 아브라함과 그의 품에 있는 나사로를 보고 불러 가로되
아버지 아브라함이여 나를 긍휼히 여기사 나사로를 보내어 그 손가락 끝에 물을 찍어
내 혀를 서늘하게 하소서 내가 이 불꽃 가운데서 고민하나이다 아브라함이 가로되
애 너는 살았을 때에 네 좋은 것을 받았고 나사로는 고난을 받았으니 이것을 기억하라
이제 저는 여기서 위로를 받고 너는 고민을 받느니라 이뿐 아니라 너희와 우리 사이에 큰 구렁이
끼어 있어 여기서 너희에게 건너가고자 하되 할 수 없고
거기서 우리에게 건너올 수도 없게 하였느니라

— 누가복음 16:22-26

제1절 연옥설에 대한 천주교의 주장

　연옥에 대한 천주교의 주장을 종합해보면, 다음과 같이 말할 수 있습니다. 즉, 「천국과 지옥 사이에 연옥이라는 데가 있는데, 사람이 죽은 다음에 죄의 그림자도 없는 깨끗한 영혼은 천국으로 가고, 대죄(큰 죄) 중에서 하나님과 영영 등을 진 사람들은 지옥으로 간다.[1] 그런데 그 소죄(작은 죄)나 불완전을 가지고 있거나 죄에 대한 적당한 보속을 완료하지 않은 영혼들은 연옥에서 그 나머지를 보속해야 한다.[2] 즉 그들은 거기서 작은 죄를 충분히 속량받거나 또는 그들에게 합당한 일시적인 형벌을 충분히 받기까지 불 가운데서 고통을 받게 된다. 그러나 그 고통의 기간은 그들을 위하여 그들을 대신하여 땅 위에 있는 사람들에 의하여 드려지는 미사와 기도와 헌금과 그 밖의 경건한 행위로 말미암아 단축될 수 있다.[3]」

　천주교는 주로 유전(구전)에서 연옥설의 근거를 찾고 있고

---

1) 박도식, 「천주교과 개신교-하나인 교회」, 7판(서울 : 가톨릭출판사, 1983), p. 88.

2) R. 로울러, D. 우얼, T. 로울러, 「그리스도의 가르침」, 오경환 역, 중판(서울 : 바오로출판사, 1983), p. 543.

3) 알렉산더 스튜어트, 「로마교 교리와 성경교리」, 김진도 역(부산 : 성문사, 1961), pp. 88-89.

그 밖에 〈외경 마카비 하 12:43-45〉와 〈마 12:32, 5:25-26, 고전 3:13-14〉 등을 연옥설에 대한 성경의 근거로 제시하고 있습니다.[4]

제2절 연옥설에 대한 비판

그러나 이 연옥설은 성경에서 근거를 찾아볼 수 없는 비성경적인 주장입니다. 성경에는 연옥이란 말이 나오지도 않을 뿐 아니라, 천주교가 근거로 제시한 성경구절들은 논쟁할만한 가치도 없을 만큼 전혀 다른 내용을 말하고 있습니다.

오히려 천주교의 연옥설은 동방과 희랍 사상에서 영향을 받은 것임을 쉽게 추측할 수 있습니다.[5] 이 연옥설은 성경뿐 아니라 초대 교부들의 지지도 받지 못합니다. 다만 오리겐(우화적 해석법으로 유명한)의 영향을 받아서 최초의 교황인 그레고리 1세가 연옥설을 창시하였던 것입니다.

물론 어거스틴과 같은 몇 사람들은 연옥설에 대해서 확실한

---

4) 박도식, 「천주교와 개신교」, pp. 89-91.

5) 이상근, 「공동서신주해」, 7판(서울 : 대한예수교 장로회 총회교육부, 1976), pp. 171-172.

입장을 제시하지 못하기도 했지만, 그레고리 1세는 "작은 죄는 심판 전 연옥의 불로써 정결케 되는 것이라고 가르치고, 다른 사람의 중보기도에 의하여 연옥으로부터 구원받게 된다는 것을 분명하게 가르친 최초의 사람"입니다. [6]

그는 "낙원(paradise)"이라는 말 대신에 "연옥 (purgatory)" 이라고 고쳐 썼던 것입니다. [7]

더구나 이 연옥설은 공로 사상에 근거하고 있습니다. 즉 구원을 받기 위해 사람이 단지 믿기만 해서는 안 되고, 죄를 용서받기 위해서는 단지 회개하고 고백함으로도 안 된다는 것으로써, 속죄적 선행, 금식, 울음, 간곡한 기도 등이 그의 형벌을 감소시킬 수 있으나, 종내는 연옥의 불로 정결하게 되어야 한다는 것입니다. [8] 자기의 어떤 선행이나 공로로 죄를 용서받거나 구원받는다는 것은 성경의 사상도 기독교의 진리도 아니며, 이교도적 사상이며, 그리스도의 공로를 부인하는 적그리스도적 사상인 것입니다.

다음은 기독교에서 천주교로 개종한 사람들의 이야기를 모

---

6) 이종기 편, 「교회사」 (서울 : 세종문화사, 1975), p. 164.

7) 이장식, 「기독교사상사」, 제1권, 6판(서울 : 대한기독교서회, 1982), p. 332.

8) 이상근, op. cit., p. 172.

은 책에서 어느 개종자의 말을 인용한 것입니다. 여기서 우리는 인간의 공로로 구원 얻는 사상이 연옥설 속에 깔려 있음을 보게 될 것입니다.

"연옥 교리에서 크나큰 위안을 찾게 된 나는 영령을 위하여 뜨거이 기구하는 성교회(천주교)에 귀정치 않고 어디 갈 것이냐? 내가 당장 죽는다면 천국가기엔 암만해도 자신이 없고, 그렇지만 천주를 거스르지 않으려고 애를 쓰는 나를 설마 지옥에야 보내시랴, 그러나 천국에 들어 갈 수 없는 자라면, 갈 데는 지옥 밖에 없잖은가? 이거 정말 야단났다! 이를 어쩌나! 가끔 지옥의 악령이 큰 입을 벌리고 덤벼든다! 보라! 이런 영혼 상태의 나에게 있어서 연옥의 교리가 얼마나 고마웠는가? 이 연옥 교리에 대한 성경의 근거도 뚜렷이 있으니, 더욱 마음 든든한 바 있다." [9]

아마 이 사람은 예수 그리스도의 구속을 모르고 자기의 공로로, 구원받아 보려고 애썼으나 아무래도 자신이 없었는데, 천주교의 연옥설이 구세주 같이 나타났던 모양입니다. 그러나 그는

---

9) 윤형중 편집, 「18인의 개종실기」, 3판(서울 : 경향잡지사, 1955), pp. 119-120.

천주교의 연옥설이 성경에 근거한 것이 아니라 유전(구전, 전승)과 가경에 근거하고 있다는 사실을 몰랐던 모양입니다.[10] 그럼에도 불구하고 그는 마음이 든든하다는 것이지요. 연옥에 가서 조금만 고생하면 된다고 생각하니까.

그리하여 이 연옥설은 교황의 면죄권, 면죄부 판매, 죽은 자를 위한 미사, 기도, 자선, 헌금 등의 비성경적인 교리를 창조하게 하였습니다. 그러나 무엇보다도 연옥설의 치명적인 결함은 그것이 바로 "사후 기회론"이라는 것입니다.

즉 사람이 죽은 후에도 구원 얻을 기회가 주어진다는 것입니다. 성경은 사람이 살아 있는 동안에 예수 그리스도를 믿었는지의 여부에 따라 죽은 후에 천국과 지옥으로 구별된다고 말하고 있는데, 천주교의 연옥설은 말하기를 "사람이 믿지 않고 죽었거나 죄인일지라도 그가 연옥에 가 있는 동안 살아있는 사람들이 그를 위해 헌금하고(소위 면죄부), 기도하고, 고행이나 선행을 하면 그도 구원을 얻게 된다는 것입니다.

이것을 쉽게 설명해 보면, 사람이 구원받는데 필요한 공로가

---

10) 박도식, 「천주교와 개신교」, pp. 89-90.

100이라고 가정할 때, 어떤 사람이 살아 있을 때의 선행의 공로가 50밖에 못되었다면, 그는 죽은 후에 연옥에 가서 남은 50만큼 불로 고통을 당하고 있게 된다는 겁니다.

그러나 그의 아들과 딸이 선행을 많이 하여 자신이 쌓은 공로 중에서 아들이 30, 딸이 20을 각각 죽은 아버지에게 주어서, 결국 아버지의 공로가 100(자기 공로 50 + 아들이 준 것 30 + 딸이 준 것 20 = 100)이 되어서 구원받아 연옥에서 천국으로 옮기게 된다는 것입니다.

이러한 공덕 축적설에 의거한 사후 기회론은 결국 "만인 구원설"이 되는 것입니다. 왜냐하면 본인의 신앙이나 선행 때문에 구원 받는 것이 아니라, 다른 사람의 공로를 힘입어 구원 얻는 것이기 때문에 누구나 다 구원받을 수 있게 되는 것입니다.

더구나 하늘에는 그리스도와 마리아와 수많은 성인들의 공로가 한없이 쌓여있는데, 그것을 교황(혹 신부)이 나눠줄 수 있는 권한이 있다고 하니, 교황이 마음만 먹으면 모든 사람에게 다 나눠주어서 다 구원받게 할 수 있는 것입니다. 결국 지옥에 가는 사람이 있다면 그것을 자기 잘못이 아니라, 살아있는 사람들과 특히, 교황의 인색함 때문에 지옥에 가는 셈이지요. 이것이 성경에서 말하는 구원입니까? 참으로 어이없는 말들입니다.

　슈말칼덴 신조는 연옥설을 가리켜 말하기를 '용의 꼬리에서 나온 해가 있는 새끼우상'이라고 하였고, 영국 교회의 39개조 신조는 "로마 교회의 연옥설은 무익하게 만들어진 동정적인 이론이며, 성서의 근거를 가지지 못한 이론이다."고 하였습니다.[11]

　이 연옥설만 믿다가 신앙을 제대로 갖지 못한 이들은 다 지옥에 가게 될 것이니, 이 연옥설은 영혼을 지옥의 함정에 빠뜨리는 마귀의 올무임이 확실하다고 생각되지 않습니까? 그런데 천주교인들은 이 연옥을 "하나님의 사랑"이라면서, 오히려 동경하고 있으니 …….[12]

---

11) 벌코프, 기독교 교리사, 김진홍 · 김정덕 공역, (세종문화사, 1972), pp. 272-273.

12) R.로울러, D.우얼, T. 로울러, op. cit., p. 544.

일곱째 이유 | 우상숭배와 미신 때문이다

하나님이 이 모든 말씀으로 일러 가라사대 나는 너를 애굽 땅, 종 되었던 집에서 인도하여 낸
너의 하나님 여호와로라 너는 나 외에는 다른 신들을 네게 있게 말찌니라
너를 위하여 새긴 우상을 만들지 말고 또 위로 하늘에 있는 것이나 아래로 땅에 있는 것이나
땅 아래 물 속에 있는 것의 아무 형상이든지 만들지 말며 그것들에게 절하지 말며
그것들을 섬기지 말라 나 여호와 너의 하나님은 질투하는 하나님인즉
나를 미워하는 자의 죄를 갚되 아비로부터 아들에게로 삼 사대까지 이르게 하거니와
나를 사랑하고 내 계명을 지키는 자에게는 천대까지 은혜를 베푸느니라
– 출애굽기 20:1–6

천주교의 미사를 설명하는 책에 다음과 같은 내용이 있었습니다.

"사제가 제대(제단)로 나옴으로서 미사는 시작되어 이때 신자들은 모두 일어나서…… 사제는 나와서 제단에 허리를 굽혀 인사한 다음, 돌로 되어 있는 제단에 입맞춘다. 그 이유는 그리스도께서는 '돌'이시며, 동시에 사막에서 히브리 백성을 보호하고 갈증을 풀어준 바위이시고, 교회라는 건물의 주춧돌이시기 때문이다."[1]

---

1) 가톨릭출판사 편집부 편, 「중요교리・전례・용어 해설」(서울:가톨릭출판사,1979) p. 151.

이와 같은 것은 미신 내지는 명백한 범신론(물질과 신을 동일시하는 사상)입니다. 예수께서 산돌(혹은 반석)이라고 한 성경 구절 때문에 돌로 되어 있는 제단에 입 맞추고 그것을 예수로 인정하여 절한다면, "나는 포도나무요(요 15:1,5)", "나는 양의 문이요(요10:7)", "나는 길이요(요 14:6)"하셨기에 천주교인들은 과수원의 포도나무마다, 양을 기르는 농장의 문마다, 아니 걸어 다니는 길마다 입을 맞추고 절을 해야 하는 것이 아니겠습니까?

이제부터 몇 가지 천주교가 가진 우상 숭배와 미신적 의식들을 살펴보고자 합니다. 이러한 우상 숭배와 미신은 바로 이방 종교의 특징이요, 철저한 반 기독교적인 것입니다.

제1절 우상숭배와 십계명

A. 우상숭배의 뜻

하나님께서는 우상숭배를 가장 미워하십니다. 구약성경 전체를 보면, 우상숭배만큼 중요하게 다루어진 것도 없습니다. 이스라엘의 수난과 패망이 바로 우상숭배 때문이었습니다. 이 우상숭배는 곧 이방신 숭배이기도 한데, 그 이유는 이스라엘 주변 국가의 모든 종교는 사실상 이름만 다를 뿐 모두 다 우상숭배 종교였기 때문입니다.

여기서 우리는 먼저 우상숭배의 뜻을 명확히 해야 할 필요가 있는 것 같습니다. 왜냐하면, 천주교는 마리아상을 비롯한 많은 성상(화상, 성인들의 우상)을 비롯해서 유골 숭배, 성체 숭배 등 많은 우상숭배 요소가 있으나, 그들은 그것들이 우상숭배가 아니라고 하고 있기 때문입니다.

한국어 사전에 의하면, 우상이란, "목석이나 쇠붙이로 만든 상, 신앙의 대상으로 되는 상", 우상숭배란, "① 우상 또는 우상적인 감각적 대상 곧 영물이나 주물을 종교적인 대상으로 숭배하는 일, ② 어느 특정한 인물을 절대자로 존중하는 일"이라고

하였습니다. [2]

또 다른 국어사전에 의하면, 우상이란, "목석 또는 쇠붙이 따위로 만든 신불(神佛)이나 인물(人物)의 형상", 우상숭배란, "우상을 섬김"으로 설명되고 있습니다. [3]

이와 같은 견지에서 볼 때, 어떤 형상을 만들어 놓고 종교적 신앙의 대상으로 숭배하는 것은 곧 우상숭배임을 알 수 있습니다.

B. 천주교의 십계명 은폐

1. 십계명에서 말하는 우상숭배의 뜻

십계명 중 제1계명과 제2계명은 우상숭배를 금한 계명입니다. 먼저 이 부분의 성경을 봅시다.

"너는 나 외에 다른 신들을 네게 있게 말지니라(출20:3) 너를 위하여 새긴 우상을 만들지 말고 또 위로 하늘에 있는 것이나, 아래로 땅에 있는 것이나, 땅 아래 물속에 있는 것의 아무 형상이든지, 만들지 말며, 그것들에게 절하지 말며, 그것들을 섬기지 말라. 나 여호와 너의 하나님은 질투하는 하나님인즉 나를 미워하는 자의 죄를 갚되, 아비로부터

---

2) 한국어사전 편찬위원회편, 「한국어대사전」, 수정판 (서울 : 현문사, 1980), p. 1236.

3) 양주동 감수, 「최신국어사전」 (서울 : 진영출판사, 1974), p. 580.

아들에게로, 삼 사대까지 이르게 하거니와, 나를 사랑하고, 내 계명을 지키는 자에게는 천대까지 은혜를 베푸느니라"(출 20:4-6)

이와 같은 성경에 비추어 볼 때, 천주교가 숭배하는 마리아상이나, 여러 가지 사람 모양의 형상물들(소위 성상)이 우상숭배라고 말하면, 천주교는 다음과 같이 반박합니다.

"이 성경 내용은 하나님 외에 다른 어떤 물건을 또는 잡신을 하나님처럼 만들어 공경하지 말라는 말입니다. 하나님의 모상을 만들지 못한다는 말이 아닙니다. 성경을 똑바로 봅시다."[4]

그러나 이와 같은 말은 성경에 무식하든지, 아니면 우상숭배라는 비난을 면해보려는 말장난에 지나지 않습니다. 성경은 숭배의 대상으로 아무 형상도 만들지 말라고 하고 있으며, 하나님을 비겨서 아무 형상도 만들지 말라고 말하고 있습니다.(출 20:23)

"하나님을 알되 하나님으로 영화롭게도 아니하며 감사치도 아니하

---

4) 박도식, 「천주교와 개신교-하나인 교회」, 7판(서울 : 가톨릭출판사, 1983), p. 21.

고, 오히려 그 생각이 허망하여지며, 미련한 마음이 어두워졌나니, 스스로 지혜 있다 하나 우준하게 되어 썩어지지 아니하는 하나님의 영광을 썩어질 사람과 금수와 버러지 형상의 우상으로 바꾸었느니라"(롬 1:21-23)

"여호와께서 호렙산 화염 중에서, 너희에게 말씀하시던 날에 너희가 아무 형상도 보지 못하였은즉 너희는 깊이 삼가라 두렵건대 스스로 부패하여 자기를 위하여 아무 형상대로든지 우상을 새겨 만들되 남자의 형상이라든지, 여자의 형상이라든지, 땅 위에 있는 아무 곤충의 형상이라든지 땅 아래 물속에 있는 아무 어족의 형상이라든지 만들까 하노라"(신 4:15-18)

"그런즉 너희가 하나님을 누구와 같다 하겠으며, 무슨 형상에 비기겠느냐 우상은 장인이 부어 만들었고, 장색이 금으로 입혔고, 또 위하여 은사슬을 만든 것이니라"(사 40:18-19)

이 점에 대하여는 출애굽기의 십계명 특히 우상숭배의 부분에 대한 어떤 천주교 학자의 해석에서도 밝혀지고 있습니다. 이 부분만 아래에 인용해 봅니다.

「그림이나 조각에 대한 금령은 문맥의 연관상 온갖 종류의 신성의 모습을 나타내는 물건을 금지하는 것이다. 이때 신명기적 신학은 전적으로 우상들의 모습을 생각했었는지 모른다. 그리고 이 금령은 원래 야훼의 모습을 표상하는 어떠한 물건도 만들어서는 안 된다는 내용이다. 여기서 우리는 고대 동방 신들의 모습에 대한 해석을 유배시대의(사 44장 참조) 우상들에 대한 논쟁을 근거로 판단해서는 안 된다. 이런 우상들이 옛 동방에서는 결코 신 자체 혹은 신의 참된 모상으로 여겨지지 않았었다. 옛날 사람들도 신의 모습이 신성 자체를 지니고 있다고 믿을 정도로 그러게 어리석지는 않았다.

다만 이들은 이런 신성들의 모습에서 신의 효능 있는 힘이 드러나는 것으로 생각했다. 이 때문에 사람들은 자기들의 목적에 해당하는 신성의 모습을 통해 그 능력을 요구하면서, 그 신성을 마음대로 이용할 수도 있다고 생각할 수도 있었으며, 또 실제로 그렇게 생각하는 경우가 많았다.

그러나 야훼의 경우에는 그 같은 일이 있을 수 없다. 이스라엘의 하나님은 당신의 어떠한 모습도 만드는 것을 허락지 않으셨다. 왜냐하면 야훼께서는 그런 따위의 술책을 용납하실 수 없었기 때문이다. 이스라엘의 하나님이신 야훼는 어떤 신의 모습이나 창조된 이 세계의 어떤 단편적인 물건 안에 노예가 될 수 없는 분이시다.

야훼와 그의 행하심은 마치 사람들이 신상을 세워 놓고 이리저리 가지고 다니듯이 세워 놓을 수가 없다. 야훼께서 허락하신 유일한 당신의 모상은 당신의 구원 행적 안에 생활하는 사람이며, 바로 이러한 사람 안에서 야훼께서는 말씀하시고 활동하신다. 이런 뜻에서 예수는 당신의 모상 자체시다.

그러나 우리는 하나님의 모상을 우리를 위해 스스로가 만들 수 없다.

야훼께서는 당신이 원하시는 때에 또 원하시는 곳에서 사람들을 위해 당신의 모상을 만드시나 그렇다고 이들이 야훼와 겨룰 수는 없다. 이들은 야훼께서 실재하신다는 사실에 대한 표시에 불과한 것이다.」[5]

그리고 또 저들은 말하기를 국기에 대한 경례가 우상숭배가 아닌 국민의례인 것처럼 성상숭배도 우상숭배는 아니라고 주장합니다. 그러나 그것은 어디까지나 저들의 착각입니다. 성경이

---

5) 영원한 도움의 성모 수녀회 성서 연구부, 「출애굽기 해설」 (서울 : 분도출판사, 1983), pp. 155-156.

언제 "국기에 대한 경례"는 우상숭배가 아니라는 견해를 표시한 적이 있습니까?

우상숭배에 대한 개념은 유대인들이 가장 정확히 알고 있었다고 말해도 과언이 아닙니다. 그렇다면 다음과 같은 역사적 사실은 무엇을 의미하겠습니까?

"로마 제국은 유대인들의 우상에 대한 반대를 생각하여(제2계명에 비추어서) 예루살렘에 들어가기 전에 기에서(군대의 깃발) 표상을 제거하도록 했는데 빌라도가 이를 어기고 황제의 표상을 기에 달고 들어갔다가 민중봉기를 촉진시켰고 결국 우상을 제거하라는 유대인들의 주장에 굴복했다."[6]

또한 국기에 대한 배례는 우상숭배에 가까우므로 국기에 대한 주목으로 고쳐야 한다는 1950년 4월 25일자 국무회의의 결정은 아직 변경된 바 없으므로 "국기에 대한 경례"는 옳은 용법이 아니고 국기에 대한 "주목"으로 해야 한다는 것과, "국기에 대한 맹세(선서)"는 국기를 신격화 내지는 의인화 시키려는 의

---

[6] F. F. 브루스, 「구약사」, 유행열 역(서울 : 예수교 문서 선교회, 1981), pp. 285-286.

도가 있으므로 시정해야 한다는 대한예수교 장로회(합동) 총회의 결의도 있었습니다.[7]

또한 저들은 길거리에 있는 옛 위인들의 동상 앞에 절하는 것이 우상숭배가 아닌 것처럼 마리아상을 숭배한 것도 우상숭배가 아니라고 주장하나, 누가 옛 위인들의 동상에 절하는 것이 우상숭배가 아니라고 했던가 묻고 싶습니다. 우리 기독교인들은 절대로 그따위 어리석은 일을 가르치지 않습니다. 그런 것이 우상숭배가 아니라는 것은 마리아상 숭배를 우상숭배라고 생각하지 않는 천주교인들이나 또는 돼지머리 놓고 고사를 지내는 종류의 사람들이나 갖는 견해입니다. 성경은 분명히, 그리고 너무나 자주 우상숭배를 경계하고 있는바 어떤 형상이든지 만들지 말고, 절하지 말고, 섬기지 말라고 하고 있습니다.

2. 십계명의 분류에서 볼 수 있는 천주교의 고의적 은폐

〈출 20:2-17〉에 나오는 십계명을 각각 10가지로 나누는 방법에 있어서 유대인들과, 천주교와 기독교의 방법이 각각 달라 세 가지 방법이 있습니다. 그 중에서 천주교와 우리 기독교와의 차

---

7) 채기은, 「한국교회사」, 삼판(서울 : 예수교 문서 선교회, 1980), pp. 177-180.

이점을 보면, 천주교는 제1, 2계명을 합쳐서 제 1계명으로 하고 제10계명을 둘로 나누어서 제9, 제10계명으로 하고 있습니다.[8]

그러나 이와 같은 분류 방법은 전혀 타당성이 없고 우상숭배를 금하는 제2계명을 고의적으로 은폐하려는 저의가 엿보입니다. 첫째, 천주교의 제9, 제10계명은 사실 나눌 수 없는 한 가지 내용을 말하고 있는데 억지로 나눈 점이요, 둘째로 천주교의 제1계명은 사실은 내용이 다른 두 가지 계명을 억지로 합친 것 같기 때문입니다. 제1, 제2계명은 이미 인용한 바 있으므로 제10계명(천주교에서는 제9, 제10계명)만 인용해 보겠습니다.

"네 이웃의 집을 탐내지 말지니라. 네 이웃의 아내나, 그의 남종이나, 그의 여종이나, 그의 소나, 그의 나귀나, 무릇 네 이웃의 소유를 탐내지 말지니라"(출20:17)

이것은 성경의 절수도 한절이거니와 내용상으로 보아도 둘로 나누어서 "제9는 네 이웃의 아내를 탐내지 말라 제10은 네 이웃에 딸린 아무것도 탐내지 말라"로 나누는 것은 아무래도 무리하

---

8) 가톨릭 출판사 편집부 편, 「중요 교리 · 전례 · 용어 해설」 (가톨릭출판사, 1979), p. 93.

고도 고의적인 처사입니다. 더구나 천주교에서 발행된 책들 중 십계명에 대하여 나온 내용 중에서 우상숭배를 금지하는 (우상을 만들지도, 절하지도, 섬기지도 말라)내용은 한결 같이 은폐되어 있습니다. 그 예를 들어 봅니다. (편의상 10계명 중 앞부분 두 계명씩만 인용합니다. 천주교는 기독교의 십계명 중 제 1, 제 2계명을 합하여 제 1계명으로 한다는 것을 되살려 생각하면서 살펴봅시다.)

"①하나이신 천주를 흠숭하라. ②천주의 이름을 헛되이 부르지 말라"[9]

"①나는 너의 하나님 야훼이로다. 너에게는 나 외에 다른 신이 있을 수 없노라. ②너는 나의 하나님 야훼의 이름으로 거짓을 증거하지 말라"[10]

"첫째 계명의 골자는 이렇다. '나는 너의 천국 야훼이로다. 너에게는 나 이외에 다른 천주가 있을 수 없느니라'"[11]

---

9) 박도식, 「무엇하는 사람들인가?(합본)」, 20판(서울 : 가톨릭출판사, 1983), p. 458.

10) R. 로울러, D. 우얼, T. 로울러, 「그리스도의 가르침」, 오경환 역, 중판(성바오로 출판사, 1983), pp. 308-309.

11) 죤 오브라이언, 「억만인의 신앙」, 정진석(서울 : 가톨릭출판가, 1983), p. 579.

이상의 예와 같이 천주교에서 발행된 세 책 모두가 십계명 중 2계명(우상숭배 금지를 말한 부분)을 고의적으로 은폐하고 있음을 확실히 알 수 있습니다. 그것은 분명히 신자들로 하여금 아무 거리낌 없이 마리아상 숭배나 기타의 우상숭배에 응하도록 하려는 속셈임이 확연히 드러나 보입니다. 저들의 10계명 분류에는 확실히 그런 고의성이 엿보이는 것입니다.

그리하여 일제 강점기에 기독교가 신사 참배를 거부하다가 수많은 순교자를 내었으나, 천주교는 교황청의 허용에 따라 신사참배를 하였던 것입니다.[12]

최근에 단군성전 건립을 반대하는 기독교에 대해 조선일보는 사설을 통해서 "단군숭배는 우상숭배가 아니다"라고 주장하면서, 천주교의 로마 교황청 장관들이 일본에 가서 신사 참배한 사실을 지적하였습니다.[13] 이것은 천주교의 우상숭배성을 다시 한 번 증명해 주는 사실이었습니다.

---

12) 최훈, 「한국교회 박해사」 (서울 : 예수교 문서 선교회, 1979), pp. 12, 35.
13) "우상숭배 아니다", 「조선일보」, 1985년 7월 5일(제15판) 사설.

제2절 천주교의 우상숭배들

A. 성상숭배

그리스도나 마리아 혹은 어떤 사람들(소위 "성인"이라든가, 교황이라든가)의 형상을 만들어 놓고 그 앞에 절하거나 기도하는 행위를 말합니다. 그들이 이것을 용납하는 이유는 그 그림이나 형상을 숭배하는 것이 아니라 그것들이 표시하는 사람(혹은 그리스도나 마리아)들을 공경하는 것이며,[14] 시청각적인 종교교육의 뜻이 있다고 합니다.[15]

그러나 그것은 정당한 이유가 되지 못합니다. 바로 그와 같은 동기로 우상을 만드는 것을 하나님은 금하셨습니다.[16] "너희는 나를 비겨서 은이나 신상이나 금으로 신상을 너희를 위하여 만들지 말라"(출20:23)

B. 유골숭배

천주교는 죽은 자의 유골(특히 소위 저들이 성인이라고 칭하

---

14) 박도식, 「천주교와 개신교」, pp. 19-20.

15) 박도식, 「무엇하는 사람들인가?」, p. 470.

16) 박윤선, 「성경주석 에스라서 느헤미야서 에스더서」(서울 : 영음사, 1980), pp. 310.

는 자들의 해골 : 저들은 이 유골을 "성해"라 칭함)과 유품을 숭배합니다. 그들은 말하기를 "하나님께서는 그 유물들로 하여금 사람들에게 많은 은혜를 내리시므로 신자들은 그것을 공경하여야 한다."라고 하고 있습니다.[17] 그러나 그 어떠한 변명을 한다고 해도 유골숭배나 유물(죽은 자가 남긴 물건) 숭배는 분명히 비성경적인 것입니다. 어떻게 죽은 사람의 유골이 복을 주거나 또 언제 하나님께서 그런 것들을 통해 은혜를 주신다고 성경이 말하였습니까? 그런 종류의 신앙은 종교 근처도 가지 못하는 미신에 불과하며, 다 로마제국내의 이방 종교에서나 있었던 것이지, 구약시대나 신약적인 신앙은 아닌 것입니다.

C. 성체숭배

성체숭배란 미사 지낼 때의 떡이 그리스도로 화한다고 믿고, 그 떡에게 절하고 복을 달라고 비는 것(성체조배와 성체강복)을 의미합니다. 떡에게 절하고 복달라고 빌다니요. 더 이상 말해 뭐하겠습니까?

---

17) 가톨릭출판사 편집부 편, op. cit., pp. 133-134.

D. 천사숭배

성인숭배의 일부로써 천사에게 기도하는 등의 숭배를 하는 것을 말하는 바, 성경은 그것을 명백히 금하고 있습니다(삿 13:15-16, 골 2:18, 고전 6:3).

E. 십자고상(Crucifix)숭배

"십자고상"이란 예수께서 십자가에 달리신 모양을 만든 것이며, 천주교인의 가정이나, 성당, 혹은 천주교인이 경영하는 병원 등에 가면 쉽게 찾아볼 수 있습니다. 그 앞에 절하거나 기도하는 등의 행위는 명백히 우상숭배입니다.

F. 성화숭배

예수님의 일생에 관한 것이나 옛날 유명한 신자들에게 관한 것들 혹은 종교적인 소재를 그린 그림을 성화라 하는데, 이러한 그림들을 감상하는 것이야 하나의 미술 작품을 감상하는 것이니까 상관이 없겠으나, 그것에게 절하거나 기도하는 것 따위는 역시 우상숭배인 것입니다.

제3절 천주교의 미신적 의식들

A. 십자성호

"십자성호"란 천주교인들이 기도할 때 흔히 볼 수 있는데, 손으로 십자가를 긋는 것을 말합니다. 저들은 손으로 열십자를 그으면 하나님의 축복을 받고 영육에 대한 위험으로부터 보호될 수 있으며, 그것을 사탄이 두려워한다고 주장하면서, 또한 십자성호를 그을 때마다 3년 대사가 있고(3년 동안 면죄됨을 의미), "성수"를 찍어서 그을 때는 7년 대사가 있게 된다고 주장합니다.[18]

그러나 이와 같은 주장은 순전히 21세기 과학과 상식과 성경적 지성을 우롱하는 미신이며, 더군다나 그것이 죄를 사하는 면죄(대사)의 효과가 있다는 것은 언어도단입니다.

B. 성수

"성수"란 보통의 물에다 소금을 넣어서 신부가 특별히 축복한 물인데 천주교의 의식에 사용되고 있습니다.[19] 그들은 이 성수

---

18) 가톨릭출판사 편집부 편, op. cit., p. 311.

19) 박도식, 「무엇하는 사람들인가?」, p. 349.

를 뿌리면 질병과 악령들을 추방하는 효과가 있다고 말합니다.[20)]

그러나 소금물로 귀신과 질병을 쫓는다는 것은 다름 아닌 미신에 불과한 이야기입니다. 만약 그것이 사실이라면, 병원이나 약이 무슨 필요가 있겠습니까?

C. 묵주 기도

묵주는 불교의 염주와 같은 것으로 15개의 묶음으로 된 사슬로서 각 묶음마다 큰 염주 하나가 돋보이게 되어 있는데, 로사리오(rosary)라고도 부릅니다.[21)] 이것을 세면서 기도하는 것을 묵주기도라 하는데, 그 내용은 사도신경과 주기도문과 가브리엘 천사가 마리아에게 한 인사말과 천주교가 첨부한 것들로 되어 있습니다. 그들은 이것을 마리아가 묵주를 가지고 나타나서 묵주기도를 바치리라 가르쳐 주었다고 주장하면서,[22)] 그 묵주 기도에는 교회와 사회와 개인 영혼을 위협하는 악을 물리치는 힘이 있다고 주

---

20) 기독교대백과사전 편찬위원 편, 「기독교대백과사전」, 제9권(서울 : 기독교문사, 1983), p. 150.

21) 랄프 우드로우, 「로마카톨릭주의의 정체」, 안금영 역(서울 : 도서출판 태화, 1984), p. 50.

22) 가톨릭출판사 편집부 편, op. cit., pp. 375-376.

장합니다.[23] 완전한 로사리오는 성모송을 53번, 주기도문은 6번, 성체 신비 5번, 성체 묵도 5번, 송영과 사도신경 5번을 반복하는 것으로 되어있습니다(성모송 = 마리아에게 올리는 기도).[24]

이 묵주기도와 관련하여 마리아가 여러 번 나타났다고 황당무계한 주장을 하고 있습니다(1830년 파리에서 나타났고, 1846년 라살레테, 1858년 로우데스, 1871년 폰트메인, 1917년 파티마 등에서 나타나서 묵주 기도를 가르쳐 주거나, 그것을 하라고 지시했다고 함).[25]

어쨌든 간에 우리는 묵주 기도가 악을 물리치는 힘이 있다거나, 마리아가 직접 나타나서 가르쳐 주었다는 등의 황당한 이야기를 믿을 사람이 있는가 의심스럽기만 합니다.

D. 죽은 자를 위한 기도

그들은 죽은 자를 위해서 기도할 뿐 아니라, 죽은 조상들에게 제사하는 것까지도 허락하고 있는바,[26] 일고의 재론할 가치도

---

23) 존 오브라이언, op. cit., pp. 559-565.

24) 랄프 우드로우, op. cit., p. 52.

25) 가톨릭출판사 편집부 편, op. cit., pp. 375-376.

26) Ibid., pp. 95-96.

없는 미신이요, 우상숭배인 것입니다. 성경은 오직 하나님께만 예배하라고 하셨으며, 그 누구나 그 무엇을 예배함은 우상 숭배인 것입니다.

E. 성로신공과 성월기도

성로신공이란 예수님의 수난 중 걸어가셨던 "십자가의 길"(Via Dolrosa, 빌라도의 관저로부터 십자가까지의 길)을 걸으면서 그리스도의 수난을 묵상하는 것으로서, 대부분의 천주교인들이 그곳에 갈 수 없으므로, 성당 좌우 벽에 수난 사실 중 중요한 것 14가지의 모습을 만들어 놓고, 그 앞을 지나면서 기도하는 것을 의미합니다. 성월 기도란 일 년 중에 어느 달을 그리스도나 마리아나 성인에게 바치며, 기도와 은혜를 청하고, 그의 모범을 따르도록 하기 위해 천주교가 지정한 달을 성월이라 하고, 그때의 기도를 성월 기도라 하는데, 예를 들면 3월은 성 요셉의 달로 요셉에게 기도하며, 5월은 마리아의 달로, 마리아에게 비는 것 등입니다.[27)]

---

27) 가톨릭출판사 편집부 편, op. cit., pp. 373-374.

결 론

사람마다 얼굴이 다르듯이 지식과 경험과 견해가 다르므로, 같은 종교 내에서도 어떤 것에 대하여는 상이한 견해들이 있는 것은 당연합니다. 그렇다고 하여 나와 다른 견해를 가진 사람을 모두 이단으로 정죄해 버리면, 세상에 이단이 안 될 사람은 하나도 없을 것입니다.

그러므로 어느 교파나 교단을 이단이라고 할 때는 적어도 자타가 공감할 만한 그럴만한 이유가 있어야 할 것이며, 기독교의 경우 그 근본 교리가 같으면, 지엽적인 차이는 성경 해석상 가능한 것이기 때문에 서로 형제 교회로서 사랑을 나눔에 거리낌이 없는 것입니다.

그러나 천주교에 대해 말할 것 같으면, 그 근본 교리가 전혀 다르기 때문에 도저히 같은 기독교라고는 생각조차 할 수 없게 됩니다. 기독교의 근본 교리 중 성경관, 신론, 기독론, 인간론, 구원론, 교회론, 종말론 중에서 천주교와 일치되는 것은 단 하나도 발견할 수 없는 것 같습니다.

명백한 것은 천주교는 기독교와는 전혀 다른 독특한 종교라는 사실입니다. 그런데, 우리는 천주교를 이교도(타종교)로 보아야 할 것이냐, 아니면 기독교적 이단으로 보아야 할 것이냐가 문제입니다. 이 점에 대해서는 서론과 1장에서 자세히 설명하였으므로, 지금쯤은 독자 여러분이 스스로 판단을 내리고 있을 줄로 생각합니다.

전에도 소개했지만, 천주교는 주장하기를 "「①천주교만 예수 그리스도가 창설하였고, ②모든 기독교(프로테스탄트)는 인조 종교(사람이 만든 종교)이므로, ③하나님의 재가도 인준도 없다. ④그러므로 이런 인조 종교를 버리고 천주교를 믿어야 한다.」"[28] 라고 하고 있으며, 지금의 기독교를 "이단자"나 "이교도"라고 하지 않는 것은, 실제로는 "이교"나 "이단"에 속해 있으나 종교 분열의 책임이 직접 없기 때문이라고 그들은 말합니다 (즉 종교개혁자들에게만 직접적인 죄가 있고, 현재의 기독교인들은 고의적인 죄가 없기 때문이라고…).

특히 천주교와 연합 운동하는 사람들은 "가톨릭 신자들의 일

---

28) 존 오브라이언, 「억만인의 신앙」, 정진석 역(서울 : 가톨릭출판사, 1983), pp. 78-102.

치 운동은 온갖 피상적이고, 현명치 못한 열성을 피하고, 어디까지나 온전히 또 성실히 가톨릭적인 것이어야 한다.”[29] 는 천주교의 주장을 알고나 있는지 모르겠습니다.

즉 기독교가 천주교화 하지 않는 한 일치할 가능성은 없는 것입니다. 천주교가 그 교리를 버리고 성경적인 교리로 돌아올 수 있는 가능성은 전혀 없지만, 기독교 중 일부가 변질되어 천주교화 할 가능성은 배제할 수 없을 것입니다. 왜냐하면, 지금도 그런 인사들이 있으니까 말입니다.

1517년 마틴 루터의 종교개혁 이후, 천주교는 회개하기는 커녕 오히려 더욱 부패해져서, 유전과 가경을 성경에 포함시켰고(1546년), 마리아 무죄 잉태설(1854년)과 교황 무오설(1870)을 새로 만들어 내고, 마리아를 은총의 중재자요(1917) 하나님의 어머니라고(1931) 확정하고, 드디어 1950년에는 “마리아 부활 승천설”을 만들어 내고, 1962년 제2차 바티칸 회의에서는 마리아 종신 처녀설을 확정하였습니다.

옛날에는 천주교가 부패했었기 때문에 종교개혁을 하였지만,

---

29) R. 로울러, D. 우얼, T. 로울러, 「그리스도의 가르침」, 오경환 역, 중판
　　(서울 : 성바오로출판사, 1973), p. 276.

지금은 천주교가 많이 변하였기 때문에 기독교와 비슷하다고 생각하는 사람들이 있는데, 그 사람들은 무슨 근거로 그렇게 생각하는지 정말로 한심합니다. 천주교는 종교 개혁가들(루터, 칼빈, 츠빙글리, 후스 등)을 이단으로 정죄하였을 뿐 아니라, 종교 개혁 이후로 비성경적인 교리들을 더 만들어내고, 마리아와 교황을 신격화시켰습니다. 어떤 이들은, 천주교가 더 오래되었으니까 정통 기독교이고, 큰집이라고 생각합니다. 그러나 그들은 역사가 오래된 것만 보았지, 천주교는 초대 교회가 가지고 있던 성경적인 신앙을 버리고 그리스로마 세계의 이교도들과 야합하여 전혀 다른 교리를 만들어서 믿고 있다는 사실은 보지 못하고 있는 것입니다.

또 어떤 이들은 제2차 바티칸 회의 이후 천주교의 태도가 많이 달라졌다고 말합니다. 그러나 무엇이 달라졌습니까? 그들의 잘못된 교리를 하나라도 고쳤습니까? 천만에요. 다만, 노골적으로 "기독교는 이단이다"하지 않고, "갈라져 나간 형제들이다"하면서, "기독교가 가진 교리들은 이단이지만, 종교 분열의 죄는 루터나 칼빈 같은 개혁자들에게 있지, 현대 기독교인들은 종교 분열의 직접적인 죄가 없으므로, 이단이라고 말하는 것은 삼가야 한다."고 추파를 던지고 있을 뿐입니다.

　1517년 루터가 종교 개혁의 횃불을 든지 채 500년도 되지 않았는데, 벌써 천주교를 "형제"라고 하면서 연합 운동하는 자들이 많이 생겼습니다. 천주교는 그 때보다 더 많이 교리적으로 부패했는데도 불구하고, 그런 자들이 많이 생기고 있다는 사실은 참으로 안타깝고도 슬픈 일이나, 그것은 바로 세상의 종말이 가까워졌다는 신호이므로, 오히려 재림하실 주님을 맞이하기 위해 더욱 힘써 바른 진리를 굳게 붙잡아서, 마귀 사탄의 속임수에 미혹되지 않도록 각성해야 할 것입니다.

　모든 기독교는 하나님의 인가도 구원도 없는 인조 종교요, 교황이나 신부가 없이는 구원이 있을 수 없으므로 결국 천주교에만 구원이 있고, 천주교만 유일한 참 교회라는 그들의 주장 앞에서 우리는 그저 멍하니 바라만 보고 있어야 하는 것일까요?

　〈딛 3:10-11〉 이단에 속한 사람을 한두 번 훈계한 후에 멀리하라. 이러한 사람은 네가 아는 바와 같이 부패하여서 스스로 정죄한 자로서 죄를 짓느니라.

〈요이 1:10〉 누구든지 이 교훈을 가지지 않고 너희에게 나아가거든 그를 집에 들이지도 말고 인사도 말라. 그에게 인사하는 자는 그 악한 일에 참예하는 자임이니라.

〈갈 1:6-10〉 그리스도의 은혜로 너희를 부르신 이를 이같이 속히 떠나 다른 복음 좇는 것을 내가 이상히 여기노라. 다른 복음은 없나니 다만 어떤 사람들이 너희를 요란케 하여 그리스도의 복음을 변하려 함이라. 그러나 우리가 혹 하늘로부터 온 천사라도 우리가 너희에게 전한 복음 외에 다른 복음을 전하면 저주를 받을지어다. 우리가 전에 말하였거니와 내가 지금 다시 말하노니 만일 누구든지 너희의 받은 것 외에 다른 복음을 전하면 저주를 받을지어다. 이제 내가 사람들에게 좋게 하랴 하나님께 좋게 하랴 사람들에게 기쁨을 구하랴 내가 지금까지 사람의 기쁨을 구하는 것이었더면 그리스도의 종이 아니니라.

부 록

A. 천주교의 교리적 부패 도표

1. 천주교의 교리적 부패 도표

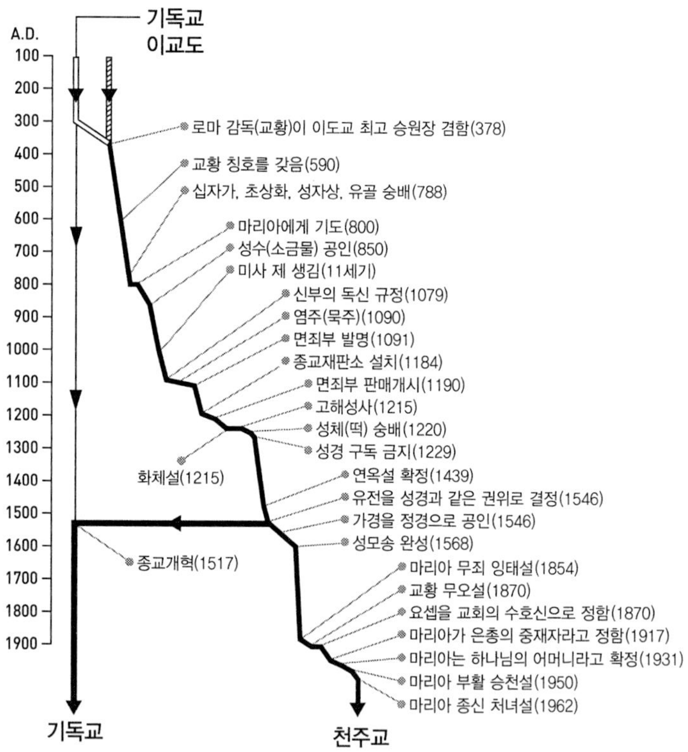

B. 천주교에서 나온 몇 가지 발명품에 대한 증명서

아래 소개하는 자료는 "천주교는 성경에 있는가?"(Is Romanism in the Bible?)라는 스데반 L. 테스타 목사님(Rev. Stephen L. Testa)이 지은 책(서울 : 기옥교다이제스트사, 1972). 에서 인용하였고, 몇 가지는 필자가 첨가하였습니다.

주 : 이러한 날짜들은 대부분이 대략적인 것이다. 이러한 많은 이단들은 오래 전부터 교회 안에서 유행하여 왔던 것이다.
그러나 그 이단들이 교회회의에서 정식으로 채용되고 교황이 신조로서 선포하였을 때에 오직 그것들은 천주교인들에게 구속물(拘束物)이 되었다.

1. 로마 천주교회에서 가르치고 실행하였던 인간의 모든 발명품들은 성경에 위반된다. 가장 오랜 것들은 죽은 자를 위한 기도와 십자가를 그리는 것들이다. 이 두 가지는 주후 300년에 시작되었다. ……………………………………………………… (A.D. 310)

2. 천사들과 죽은 성도들에 대한 숭배가 시작되었다.
……………………………………………………… (대략 A.D. 375년)

3. 매일 거행하는 미사가 채용되었다. …………… (A.D. 394년)

4. 예수의 어머니 마리아에 대한 예배와 마리아에게 적용하였던 것과 같은 "하나님의 어머니"라는 술어의 사용은 에베소 회의에서 시작되었다.······································· (A.D. 431년)

5. 수도원 제도(수도사들의 등급)는 이태리 몬테카시노에 있는 최초의 수도원을 세운 카시노의 베네딕트에 의하여 서방에 소개되었다.································· (A.D. 528년)
예수께서는 제자들을 천하 만민에게 설교자들로서 보내셨고 여자 수도원이나 남자 수도원에서 은둔 생활을 하기 위하여 보내시지는 않았다.(마 10:5-9, 28:19-20, 막 16:15-20을 보라)

6. 연옥의 교리는 그레고리 교황에 의하여 처음으로 설정되었다.······································· (A.D. 593년)

7. 주후 600년 교황 그레고리 1세가 교회에서 기도와 예배에 사용하는 말로서 라틴어를 사용하게 하였다.······· (A.D. 600년)
하나님의 말씀은 알지 못하는 방언으로 기도하는 것과 알지 못하는 방언으로 가르치는 것을 금한다.(고전 14:9를 보라)

8. 성경은 우리가 하나님께만이 기도할 것을 가르친다. 초대
교회에서는 결코 마리아나 죽은 성도들에게 한 기도가 전혀 없
었다. 이 의식은 주후 800년 경에 로마교회에서 시작되었다(마
11:28, 눅 1:46, 행 10:25-26, 14:14-18을 보라). …… (A.D. 800년)

9. 교황권은 이교에서 왔다.

교황이라는 명칭이나 만인의 감독이라는 명칭은 610년 악덕
한 황제 포우커스가 로마 감독에게 처음으로 준 명칭이다. ……
……………………………………………………………… (A.D. 610년)

10. 교황의 발에 키스하는 것이 시작되었다. …… (A.D. 709년)

그것은 황제의 발에 키스하는 어떤 이교도의 관습이었다. 하
나님의 말씀은 그러한 의식을 금한다(행 10:25-26, 계 19:10,
22:9을 보라).

11. 교황의 세속적 권력이 시작되었다. ………… (A.D. 750년)

프랑스(당시 프랑크 왕국) 왕위의 찬탈자인 페핀이 이탈리아
에 내려갔을 때에 이탈리아인 롱고발스와 싸우기 위하여 교황
스테반 2세가 그를 불렀다. 그는 그들을 격파한 후 로마시와 그
주변의 영토를 교황에게 바쳤다. 예수께서는 명백히 이와 같은

일을 금하셨고, 자신이 세속적인 왕위를 거절하셨다(마 4:8-9, 20:25-26, 요 18:38을 보라).

12. 십자가와 초상과 그리고 유골에 대한 예배가 시작되었다.
·· (A.D. 788년)

이것은 콘스탄티노플에 있는 미망인 황후 이레네의 명령에 의한 것이었다. 그 왕후는 그녀의 아들 콘스탄틴 6세의 눈을 빼게 하였다. 그리고 그 당시 로마의 교황 하드리안 1세의 요구로 교회회의를 소집하였다. 이와 같은 의식은 성경에서 오직 우상숭배라고 부른다(출 20:4-5, 신 27:15, 시 115를 보라).

13. 한줌의 소금을 타고 사제가 축복한 거룩한 물이 공인 되었다. ·· (A.D. 850년)

14. 성 요셉에 대한 숭배가 시작되었다. ············ (A.D. 890년)

15. 교회 종을 울리는 것은 교황 요한 14세에 의해 라테란 교회에서 시작되었다. ······································ (A.D. 965년)

16. 죽은 성도들의 서품(敍品)은 교황 요한 15세에 의하여 시작되었다. ………………………………… (성인숭배, A.D. 995년)

모든 신자와 그리스도를 따르는 사람은 성경에서 성도라고 불린다.

17. 금요일과 부활절 전 40일 간의 금식이 시작되었다. ……………………………………… (사순절, A.D. 998년)

교황들은 생선장사에 흥미를 가졌다고 말하였다. 어떤 권위자들은 700년에 고기를 먹는데 대한 교황의 교서 또는 허가가 시작되었다고 말한다. 이것은 복음서의 가르침에 분명히 위반되는 것이다(마 15:10, 고전 10:25, 딤전 4:3을 보라).

18. 미사는 희생과 의무적인 출석으로 점차 발전되었다. ……………………………………… (A.D. 11세기)

복음서는 그리스도의 희생은 모든 사람을 위하여 한 번에 드려졌기에, 반복할 것이 못되고, 다만 주님의 최후 만찬에서 기념하게 되었다는 것을 가르친다(히 7:27, 9:26-28, 10:10-14을 보라).

19. 성직자의 독신생활은 교황 힐데브란트 그레고리 7세가 명하였다. ······························ (A.D. 1079년)

예수께서는 그러한 규율을 정하지도 않으셨고 사도들 중에서도 아무도 그렇게 하지 않았다. 도리어 사도 베드로는 결혼한 사람이었고, 사도 바울은 감독들이 아내와 자녀들을 가질 의무가 있다고 말한다(딤전 3:2-5, 12, 마 8:14-15을 보라).

20. 염주는 1090년 은둔자 베드로(사도 베드로와 다른 사람)가 시작하였다. 이것은 힌두교도와 이슬람교도들로부터 모방한 것이다. ······························ (A.D. 1090년)

기도를 세는 것은 이교도의 의식이며 그리스도께서는 분명히 정죄한 것이다(마 6:5-13을 보라).

21. 면죄부 발명 ······························ (A.D. 1091년)

22. "이단자들을 색출하여 처벌하는 거룩한 직분"이라고 불리운 오명이 높은 종교재판은 1184년 베로나 회의에서 제정되었다(1223년 그레고리 9세에 의하여 정식으로 설치되었다).
······························ (A.D. 1184년)

23. 죄에 대한 형벌을 사유하는 속죄는 레오 4세가 처음으로 850년 스칼라 산타에 무릎으로 올라가는 자들에게 허락하였다. 그러나 속죄표(현금으로 용서를 사는)는 1190년에 시작되었고 종교개혁시까지 계속되었다. ·············· (A.D. 850년과 1190년)

베드로는 하나님의 선물(은사)를 돈으로 살 수 있다고 생각한 시몬을 책망하였다(행8:20을 보라). 성경에서 가르친 바와 같이 기독교는 그러한 매매를 정죄하고 있으며 16세기에 일어난 종교개혁에서 이 매매를 반대한 반항이 일어났다.

24. 화체설의 교리는 교황 이노센트 3세에 의하여 정해졌다. ··· (A.D. 1215년)

이 교리에 의하여 사제는 성병(聖餠)이 그리스도의 몸으로 변하는 이적을 매번의 미사에 행하는 것처럼 꾸민다. 그리고 그는 미사시간에 교인들 앞에서 살아계신 그리스도를 먹는 것처럼 꾸민다. 성경은 그러한 불합리한 일들을 정죄한다. 왜냐하면 성찬식은 그리스도의 희생을 기념하고 상징하는 것이기 때문이다. 그리스도의 영적 임재(육체적 임재가 아닌)는 성례전 가운데 암시되어 있다(눅 22:19-20, 요 6:35, 고전 11:26).

25. 적어도 1년에 한번은 의무적으로 사제에게 죄를 고백하도록 라테란 회의에서 교황 이노센트 3세에 의하여 제정되었다.

································· (A.D. 1215년)

성경은 우리의 죄를 직접 하나님께 고하기를 명한다(시 51:1-10, 눅 7:48, 15:21, 요일 1:8-9을 보라).

26. 성병(聖餠)에 대한 예배(경배)는 교황 호노리우스가 발명하였다. ································· (A.D. 1220년)

그러므로 천주교회는 사람의 손으로 만들어진 하나님을 예배한다. 이것은 분명히 우상숭배요 절대로 성경의 정신에 모순된다.

27. 톨로사 회의에서 평신도들이 성경을 보는 것을 금하였고 여러 금지된 책들의 목록 가운데 성경을 넣었다.

································· (A.D. 1229년)

그러나 성경에서는 만민이 성경을 읽어야 한다는 것을 말하고 있다(요 5:39, 딤후 3:15-17).

28. 법의는 시몬 스톡이라는 영국 수도승이 발명하였다.

································· (A.D. 1287년)

동정녀의 그림과 함께 갈색 법의 조각을 휴대하는 사람들은 모든 위험에서 보호를 받는 초자연적 효능이 있다고 상상하였다. 이것은 배물교적(拜物敎的)미신이다.

29. 물을 뿌리는 세례는 라벤나 회의에서 공인되었다.
.... (A.D. 1311년)
신약성경의 세례는 침수세례로서 신자에게만 베푸는 것이다(마 3:6, 7, 16, 28:18-20, 막 16:16, 행 8:36-39, 9:18 등을 보라)

30. 천주교는 콘스탄스 회의에서 신자들에게 떡만 주고 잔을 금하는 일종의 성찬식을 제정하였다. .... (A.D. 1414년)
성경에서는 떡과 잔을 가지고 성찬식을 거행할 것을 우리에게 명하였다(마 26:7, 고전 11:26-29을 보라).

31. 연옥에 대한 교리는 플로렌스 회의에서 믿음의 교리로서 선포되었다.. (A.D. 1439년)
성경에는 천주교교회에서 말하는 연옥을 가르친 곳이 한 곳도 없다. 예수 그리스도의 피는 모든 죄에서 우리를 깨끗하게 하신다(요일 1:7-9, 2:1-2, 요 5:24, 롬 8:11을 보라).

32. 일곱 가지 성례는 1169년에 피터 롬바르드가 처음으로 그 목록을 만들었는데, 이 일곱 가지 성례의 교리는 플로렌스 회의에서 정식으로 비준되었다. ······················ (A.D. 1439년)

그러나 복음서는 그리스도께서 오직 두 가지 성례 즉 세례와 성만찬을 제정하셨다는 것을 말하고 있다(마 28:19-20, 26:26-28을 보라).

33. 마리아에게 기도하는 성모송(Hail Mary, Ave Maria)의 성경적인 전반부는 주후 1196년 파리의 감독 오토가 마리아에게 드린 기원으로서 배열되었고, "교회의 기도"로서의 후반부는 교황 피어스 5세가 완성하였다. ······················ (A.D. 1568년)

성경은 여러 곳에서 하나님께만 기도할 것을 명하였다. 다른 사람에게 기도하는 것은 우상숭배이며, 특히 죽은 자에게 기도하는 것은 비성경적이다. 성경 어디에서도 마리아 자신은 자기에게 기도할 것을 누구에게도 말하지 않았다.

34. 1545년에 열린 트렌트 회의는 유전(말로 전한 교리)은 성경의 권위와 같다는 것을 선언하였다.·············· (A.D. 1546년)

유전에 의한 것은 인간의 가르침을 의미한다. 바리새 교인들은 인간의 유전, 곧 장로들의 유전을 율법처럼 따랐다. 그리하여 예수께서는 그들을 사정없이 정죄하셨다. 왜냐하면 사람의 유전으로 그들은 하나님의 계명을 폐기하였기 때문이다(막 7:7-13, 골 2:8, 계 22:18을 보라).

35. 구약 외경이 트렌트 회의에서 정경으로서 성경에 첨가되었다. ·········· (A.D. 1546년)
이러한 책들은 유대교에서도 초대교회(교부시대까지)에서도 정경으로 인정되지 않았다.

36. 유전(구전)을 성경과 같은 권위로 경정함.
·········· (A.D. 1546년)
그전에는 유전이 성경보다 더 높은 권위를 가졌었음.

37. 교황 피어스 4세의 신조는 그리스도와 사도들 이후 1500여년 동안 공인된 신조로서 부과시켰다. ·········· (A.D. 1560년)
참된 그리스도인들은 성경과 사도신경을 그들의 신조로서 계속하여 지킬 것이다. 이로서 그들의 신조는 천주교의 신조보다 1500년이나 더 오랜 것이 되었다(갈1:8을 보라).

38. 동정녀 마리아의 무원죄 잉태(원죄없이 태어남)는 교황 피어스 9세가 선언하였다. ······························· (A.D. 1854년)

복음서는 그리스도만을 제외한 모든 사람들이 죄인이라는 것을 말한다. 마리아 자신도 죄인으로서 구세주가 필요한 존재이다(롬 3:29, 5:12, 시51:5, 눅 1:30, 46-47).

39. 주후 1870년에 교황 피어스 9세가 교황 무오설의 교리를 공포하였다. ······························· (A.D. 1870년)

이것은 바울이 예언한 참람한 일이며 배교와 적그리스도의 징조인 것으로 여겨진다(살후 2:2-12, 계 17:1-9, 13:5-8, 18을 보라). 많은 성경 학도들은 짐승의 수(계 13:18) 666을 교황의 칭호 "하나님의 대리자"라는 로마 글자들 가운데서 본다.

40. 교황 피어스 10세는 1907년에 교회에서 증명하지 못한 모든 현대 과학의 발명들을 "현대주의"와 함께 정죄하였다.
······························· (A.D. 1907년)

피어스 9세는 1894년에 발표한 이교유론 80개 조서(異敎謬論 80箇條書) 안에서 그와 같은 정죄를 하였다.

41. 마리아가 은총의 중재자라고 정함. ·········· (A.D. 1917년)

이 교리는 교황 베네딕트 15세에 의해 1917년 5월에 선언되었다.

42. 1930년 피어스 11세는 모든 공립학교를 인정하지 않았다.
·················· (A.D. 1930년)

43. 1931년에 같은 교황 피어스 11세는 마리아가 "하나님의

어머니"라는 교리를 재확인하였다.·················· (A.D. 1931년)

44. 1950년 동정녀 마리아의 승천에 대한 교리는 교황 피어스

12세가 선포하였다.·················· (A.D. 1950년)

45. 마리아 종신 처녀설은 제2차 바티칸 회의(1962-1965)에서

확정되어 "영원한 동정녀"라는 칭호를 쓰게 되었다.
·················· (A.D. 1962년)

다음 발명은 무엇이 될 것인가? 천주교회는 결코 변하지 않는

다고 말한다. 그러나 성경에 반대되거나 없는 새로운 교리를 발

명하는 일 이외에 아무것도 하지 않았다. 그리고 이교에서 취하

여 온 의식을 구별하지 않고 행하였다. 어떤 학자는 천주교회의 모든 의식의 75%가 이교에서 기원하였다는 것을 찾아내었다.

이단들은 성경에 반대되는 그러한 교리와 의식들을 가지고 있다. 그러한 것들은 또한 "인간의 유전들"이거나 또는 "사람들의 교리들"이다. 베드로와 바울은 말세에 거짓 스승들이 교회에서 일어나서 지옥에 떨어질 멸망의 이단들을 끌어들일 것을 예언하였고 경고하였다(벧후 2:1-3, 딤전 3:2-5). 예수께서는 바리새인들이 그들의 유전을 지킴으로서 하나님의 계명을 범하였기 때문에 정죄하였다. 말씀하시기를 "사람의 계명으로 교훈을 삼아 가르치니 나(하나님)를 헛되이 경배하는도다."(마 15:3, 9)하셨다.

주 : 아마도 오는 바티칸 회의는 어떤 다른 새로운 교리나 이단을 가지고 나올 것이다. 천주교회의 다음 교리는 마리아를 더욱 높일 것과 우주의 여왕과 신성에 대한 제4위로서의 대관식이 있을 것이라고 나는 겸손하게 예상한다. 단테는 마리아를 "3위 1체의 하나님의 거룩한 딸 거룩한 어머니 그리고 거룩한 배우자"라고 불렀다. 이것은 배교의 절정인 말할 수 없는 하나님께 대한 모독이다. 그 결과로 기독교 국가의 다른 교회들을 천

주교회로부터 더 멀어지게 할 뿐만아니라, 나는 "큰 바벨론" 위에 하나님의 급한 심판이 떨어질 것과 계시록 17장과 18장에서 예언되었던 것과 같은 철저한 멸망이 있을 것을 두려워한다. 하나님이여 우리를 구원하여 주옵소서!

형제들이여 : 하나님의 말씀은 바벨론에서 나오기를 명하고 있다. 말씀하시기를 "내 백성이 거기서 나와 그의 죄에 참예하지 말고 그의 받을 재앙들을 받지 말라"(계18:4) 모든 참된 기독교인들은 성경에서 가르친대로 그리스도의 신앙에 신실하게 머물러 있을 것이다. "그러나 우리가 혹 하늘로부터 온 천사라도 우리가 너희에게 전한 복음 외에 다른 복음을 전하면 저주를 받을찌어다."(갈 1:8)라고 말한 사도 바울의 경고를 주의해야 할 것이다.

참고 도서 목록

1. 국내 서적

가톨릭 출판사 편집부 편. 「중요 교리 · 전례 · 용어 해설」.
　　　　서울 : 가톨릭출판사, 1979.

김규당. 「사이비한 종파」. 설교사. 1955.

박도식. 「무엇하는 사람들인가(합본)」. 20판. 서울 : 가톨릭출판사, 1983.

박도식. 「천주교와 개신교-하나인 교회」. 7판. 서울 : 가톨릭출판사, 1983.

박윤선. 「성경주석 에스라서 느헤미야서 에스더서」. 서울 : 영음사, 1980.

박윤선. 「성경주석 예레미야서」. 10판. 서울 : 영음사. 1979.

박찬욱. "한국어 신명고(韓國語 神名攷) - 정서법(正書法)에서 본 '하느님'.
　　　　그리스도교와 겨레문화연구회편. 「한글 성서와 겨레문화」.
　　　　서울 : 기독교문사, 1985.

송낙원. 「기독교회사」. 5판. 서울 : 기독교 문화사, 1970.

영원한 도움의 성모 수녀회 성서 연구부. 「출애굽기 해설서」.
　　　　서울 : 분도출판사, 1983.

원세호. 「천주교회란?」. 서울 : 국종 출판사, 1984.

유선호. 「천주교도 기독교인가?」. 재판. 서울 : 할렐루야서원, 1998.

윤형중 편. 「18인의 개종실기」. 제3판. 서울 : 경향잡지사, 1955.

이상근. 「공동서신 주해」. 7판. 서울 : 대한예수교 장로회총회 교육부, 1976.

이상근. 「마태복음 주해」. 6판. 서울 : 대한예수교 장로회총회 교육부, 1976.

이상근. 「요한계시록 주해」. 7판. 서울 : 대한예수교 장로회총회 교육부, 1977.

이상근. 「요한복음 주해」. 7판. 서울 : 대한예수교 장로회총회 교육부, 1975.

이장식. 「기독교 사상사」. 제1권. 6판. 서울 : 대한기독교서회, 1982.

이장식. 「기독교 사상사」. 제2권. 6판. 서울 : 대한기독교서회, 1981.

이종기 편. 「교회사」. 서울 : 세종문화사, 1975.

전택부. "하느님 및 텬쥬라는 말에 관한 역사 소고
   - 18세기와 19세기를 중심으로". 그리스도교와 겨레문화연구회편.
   「한글 성서와 겨레문화」. 서울 : 기독교문사, 1985.

지원용. 「루터와 종교개혁」. 5판. 서울 : 컨콜디아사, 1980.

채필근. 「비교종교론」. 19판. 서울 : 대한기독교서회, 1983.

채기은. 「한국교회사」. 3판. 서울 : 예수교문서선교회, 1980.

최 훈. 「한국 교회 박해사」. 서울 : 예수교 문서선교회, 1979.

탁명환. 「한국의 신흥종교, 기독교편(1권)」. 7판. 서울 : 성청사, 1975.

2. 번역 서적

게이저, 존 G. 「초기 기독교 형성과정 연구」. 김쾌상 역.
   서울 : 대한기독교서회, 1980.

덜레스, A. 외. 「간추린 생활교리」. 정승현 역. 서울 : 성바오로출판사, 1980.

디이슨, 헨리. 「조직신학 강론」. 권혁봉 역. 5판. 서울 : 생명의 말씀사, 1982.

로울러, R., 우얼, D., 로울러, T. 「그리스도의 가르침」. 오경환 역.
   중판. 서울 : 성바오로 출판사, 1983.

리데나워, 프릿츠. 「무엇이 다른가」. 8판. 서울 : 생명의 말씀사, 1980.

바이너르트, 볼프강. 「마리아-오늘을 위한 마리아론 입문」. 심상태 역. 중판.
   서울 : 성바오로 출판사, 1983.

벌코프. 「기독교 교리사」. 김진홍 · 김정덕 공역. 서울 : 세종문화사, 1972.

브루스, F. F. 「구약사」. 유행열 역. 서울 : 예수교 문서선교회, 1981.

뻴콥, 루이스. 「기독교 신학개론」. 신복윤 역. 서울 : 은성문화사, 1974.

뻴콥, 루이스. 「조직신학(서론)」. 고영민 역. 서울 : 기독교문사, 1980.

뻴콥, 루이스. 「조직신학(신론)」. 고영민 역. 재판. 서울 : 기독교문사, 1980.

테스타, 스테반 L. 「천주교는 성경에 있는가?」, 조인숙 역.

서울 : 기독교다이제스트사, 1972.

스튜아트, 알렉산더. 「로마교 교리와 성경교리」. 김진도 역.

부산 : 성문사, 1961.

오브라이언, 죤. 「억만인의 신앙」. 정진석 역. 서울 : 가톨릭 출판사, 1983.

우드로우, 랄프. 「로마 카톨릭주의의 정체」. 안금영 역.

서울 : 도서출판 태화, 1984.

카아슨, 허버트. 「천주교는 과연?」. 박우석 역. 서울 : 생명의 말씀사, 1984.

카이퍼, B. K. 「세계 기독교회사」. 김해연 역, 5판. 서울 : 성광문화사, 1980.

켈리, J. N. D. 「고대 기독교 교리사」. 김광식 역.

서울 : 한국 기독교 문학연구소 출판부, 1980.

폭스원, 존. 「기독교 순교사화」. 메리킹 편저. 양은순 역. 서울 : 생명의 말씀사, 1977.

3. 외국 서적

Arndt, W. F. and Gingrich, F. W. A Greek-English Lexicon of the New Testament and Other Early Christian Literature. The University of Chicago Press, 1967.

Schaff, Philip. History of The Christian Church. vol. V. Mich : WM. B. Eerdmans Publishing Co., 1977.

Webster. N. Webster's Collogiate Dictionary. 5th. ed.. Mass : G. & C. Merrim Co., 1942.

4. 신문 및 정기 간행물

경향신문. 1976. 8. 10.

조선일보. "우상숭배 아니다". 1985. 7. 5. 제15판. 사설

조선일보. "천주교 신자 급증 고민". 1985. 3. 3.

박영관. 기독신보. 1976. 3. 13.

권도원. "하나님 고". 「기독교 사상」. 1980년 7월호.

마두원. 「성별」. 1975. 4월호.

박찬욱. "하느님 고". 「기독교 사상」. 1980년. 7월호.

서정범. "하느님". 「향장」. 1986년 6월호.

이장식. "'하나님' 칭호의 신학적 근거". 「기독교 사상」. 1980년 8월호.

5. 사전

기독교대백과사전 편찬위원회 편. 「기독교대백과사전」. 제1권. 재판.
        서울 : 기독교문사, 1981.

기독교대백과사전 편찬위원회 편. 「기독교대백과사전」. 제2권. 재판.
        서울 : 기독교문사, 1981.

기독교대백과사전 편찬위원회 편. 「기독교대백과사전」. 제5권. 재판.
        서울 : 기독교문사, 1983.

기독교대백과사전 편찬위원회 편. 「기독교대백과사전」. 제6권. 재판.
        서울 : 기독교문사, 1982.

기독교대백과사전 편찬위원회 편. 「기독교대백과사전」. 제8권. 재판.
        서울 : 기독교문사, 1983.

기독교대백과사전 편찬위원회 편. 「기독교대백과사전」. 제9권. 재판.
        서울 : 기독교문사, 1983.

김춘배 편. 「기독교 대사전」. 서울 : 대한기독교서회, 1960.

성갑식. 「그리스도교 대사전」. 6판. 서울 : 대한기독교서회, 1981.

양주동 감수. 「최신 국어대사전」. 서울 : 진영출판사, 1974.

이영철 · 한영선 편찬. 이숭녕 감수. 「국어소사전」. 서울 : 을유문화사, 1959.

이희승. 「국어대사전」. 24판. 서울 : 민중서관, 1976.

한국어사전 편찬위원회 편. 「한국어대사전」. 수정판. 서울 : 현문사, 1980.
        「현대국어사전」. 서울 : 한서출판사.

천주교를 배격하는 7가지 이유

발　　행 · 초판 1쇄 1985년 12월 20일

　　　　　재판 1쇄 1986년 1월 10일

　　　　　삼판 1쇄 1987년 8월 10일

　　　　　사판 1쇄 2016년 5월 10일

지 은 이 · 유선호

펴 낸 이 · 이재승

펴 낸 곳 · 하늘기획

주　　소 · 서울시 중랑구 상봉동 136-1 성신빌딩

등록번호 · 제8-0856호

I S B N · 978-89-92320-59-7/03230

총　　판 · 하늘물류센터

전　　화 · 031-947-7777

팩　　스 · 0505-365-0691

북디자인 · 최수정

정가는 뒷 표지에 있습니다.
잘못 만들어진 책은 구입한 곳에서 친절히 바꾸어 드립니다.